Impressum:

Copyright © 1967 GRIN Verlag, Open Publishing GmbH
Druck und Bindung: Books on Demand GmbH, Norderstedt Germany
ISBN: 9783668382534

Dieses Buch bei GRIN:

http://www.grin.com/de/e-book/351534/das-lateinische-deponens-und-seine-
romanischen-nachfolger

Klaus Bahners

Das lateinische Deponens und seine romanischen Nachfolger

Das Nachleben einer syntaktischen Bedeutungsnuance

GRIN Verlag

Das lateinische Deponens und seine romanischen Nachfolger – das Nachleben einer syntaktischen Bedeutungsnuance

Klaus Bahners

Inhaltsverzeichnis

A) Einleitung

1) Definition des Deponens und Aufgabenstellung

Deponentien, also jene Verbgruppe, die morphologisch dadurch bestimmt ist, dass sie nur passive Formen kennt, und syntaktisch, indem diese Verben mit den aktiven – d.h. transitiven und intransitiven – auf einer Ebene stehen, haben sich in der Romania nicht erhalten. Es ist also die Frage zu stellen: Wann, wie und warum sind sie untergegangen? Doch mit dieser „negativen" Feststellung hat sich die vorliegende Arbeit nicht zu begnügen, sondern sie soll im Gegenteil zeigen, wie das lateinische Deponens auf seinem Weg über das Vulgär- bzw. Spätlatein und Altfranzösisch bis hin zum Neufranzösischen ersetzt worden ist. Denn es ist vor allem die den Deponentien gemeinsame Eigenschaft des Fehlens synthetischer aktiver Formen, die verloren gegangen ist, nicht so sehr das Wortmaterial als solches. Der „gewaltige erbwortliche Verbalstock"[1] hat sich sogar durchweg gut erhalten, wenn auch unter beträchtlichen Bedeutungs- und anderen Veränderungen. „Den verbalen Wortschatz des Lateins hat das Altfranzösische sehr viel zäher festgehalten … als den substantivischen, adjektivischen oder gar konjunktio-nistischen."[2] Wir werden demnach hier weniger von der Semantik oder Wortbildung lateinischer Deponentien und entsprechender französischer Verben handeln, sondern uns mehr der Funktion der Deponentien in Wortgruppen und im Satz zuwenden, also der Syntax dieser Verben. Freilich gilt es nicht zuletzt, die beiden genannten Forschungsbereiche der romanischen Sprachwissenschaft zu verknüpfen, wenn wir uns <u>syntaktische</u> Strukturen auf eventuelle gemeinsame <u>semantische</u> Nenner hin ansehen. Das soll besonders im letzten Teil unserer Arbeit geschehen, wo von dem „Nachleben einer syntaktischen Bedeutungsnuance" zu sprechen sein wird.

2) Deponens und verwandte Genera

Den lateinischen Schulgrammatiken[3] scheint es immer nur mit Mühe zu gelingen, den Schüler von der Einheitlichkeit der Verbgruppe „Deponentien" zu überzeugen. Man führt dort die Begriffe Medium, Semideponens und Verbaladjektiv ein und verweist im übrigen auf diverse Ausnahmen, die eben die Regel bestätigen sollen. Dieses Unbehagen kommt nicht von ungefähr: Ist doch das klassische Latein, auf das diese Grammatiken rekurrieren, vom Standpunkt des Romanisten „nur" Durchgangsstadium vom Indogermanischen zur Romania. „Aus dem indogermanischen Medium ist formal das lateinischen Deponens und das lateinische Passiv des

---

[1] Vossler, Kultur, 57
[2] ebd.
[3] z.B. Ars Latina, bearbeitet von Albert Linnenkugel u.a., Paderborn 1957; Fundamentum Latinum, hrsg. von Wilhelm Zilles, Düsseldorf 1958

Praesenssystems entstanden."[4] Kann man sich kaum über die Definition des Deponens einigen, so wird dies noch schwieriger bei der des Begriffes „Medium". Wir wollen hier vorläufig von medialen Verben sprechen, wenn das zugehörige Subjekt weder rein aktiv noch rein passiv am Geschehen beteiligt ist[5]. Wenn man dazu als Beispiel das Verb „oriri" nimmt und sein Partizip Präsens, das ja aktivische Form hat, mit dem Wort „Sonne" verbindet, zeigt sich die Schwierigkeit, die Genera Verbi voneinander abzugrenzen: „Sole oriente, Caesar … profectus est." Haben so einige Deponentien noch ihren medialen Charakter behalten, so weisen andere einen reflexiven („recor-dor", ich erinnere mich) oder intransitiven („morior", ich sterbe) auf. Bei vielen, vielleicht den meisten Deponentien zeigt sich dagegen eine transitive Verwendung: „auxilior", „hortor", „tutor" usw.[6] Kühner-Stegmann zeigen in ihrer Grammatik den Zusammenhang zwischen Passiv, Reflexiv und Deponens, wenn diese Begriffe auch mit der Identifizierung von „ursprünglich" reflexiv und medial kaum zur Klärung beitragen. Als reflexive Verben sehen wir die an, die „eine vom Subjekt ausgehende und wieder darauf zurückwirkende Tätigkeitsäußerung"[7] ausdrücken. Sie sind – und damit folgen wir Stéfanini – Teil der Pronominalverben.[8] Doch diese Unterscheidung ist weniger für das Latein als für das Alt- und Neufranzösische wichtig.

3) Ein Verb – zwei Aktionsarten – viele Genera

Nachdem wir nun einige der in Betracht kommenden Verbkategorien angeführt haben, muss noch darauf hingewiesen werden, dass viele Verben in den verschiedenen Zeiträumen der zweitausend Jahre von der Antike bis heute mehreren Genera gleichzeitig angehören können. Sehen wir von der Unterscheidung Transiti-vität und Intransitivität ab, die zwei Untergruppen des Aktiv bilden, so finden wir neben „verto" ein „vertor" und ein „me verto", neben „moveo" ein „moveor" und ein „me moveo" in approximativ gleicher Bedeutung[9]. Neben einem nicht ganz auszuschließenden stilistischen Unterschied liegt eine syntaktische Nuance vor, da in der Genera-Skala von Aktiv über Medium zu Passiv das Pendel bei „verto me" stärker als bei „verto" zum Aktiv hin ausschlägt. Dass gar ein äußerer Anlass oder Urheber vorliegen wird, wenn sich in einem Satz „vertor" findet, ersieht man hieraus wohl leicht.

[4] Stolz-Schmalz, Grammatik, 302
[5] vgl. Gamillscheg, Syntax, 328; Stéfanini, Voix, 114 f., 122
[6] vgl. Kühner-Stegmann, Grammatik, 110, 104 f.
[7] ebd. 90. Termini wie „reflexives Passiv" und „deponentiales Passiv" wollen wir nicht übernehmen.
[8] Stéfanini, Voix, 106 zeigt am Beispiel von „se battre" vier der fünf pronominalen Möglichkeiten: Reflexivität, Reziprozität, Medialität und Passivität. Als letztes gibt es die Verwendung des Pronomen „se" in der unpersönlichen Wendung.
[9] vgl. Kühner-Stegmann, Grammatik, 105, Nr. 2

Noch ein anderes Begriffspaar soll an dieser Stelle eingeführt werden: imperfektive und perfektive Verben. An der Wortgruppe „il est battu" lässt sich zeigen, dass einmal eine passivische und präsentische Handlung vorliegt („il est battu par…"), ein anderes Mal eine Handlung abgeschlossen und ein Zustand erreicht ist: „Nach dem Krieg ist das Land geschlagen; il est battu."[10] Über diese Equivokation von „sein" und „werden" hatte sich in den 20er Jahren zwischen Meyer-Lübke und Vossler ein Streit erhoben über das Wesen des Passivs überhaupt. Es wird zu zeigen sein, dass diese grundsätzlich verschiedenen Positionen und Interpretationsmöglichkeiten nicht nur am syntaktischen System des romanischen Passivs schlechthin liegen, sondern auch an der Semantik und Aktionsart einzelner Verben. Als vom klassischen Schema „domus aedificatur" (Vorgang) und „domus aedificata est" (Ergebnis und Zustand) die synthetische Form beim Durchgang durch das Spätlatein zur Romania verblasste, übernahm die analytische Form deren Funktion mit: „amatus est" (Zustand) > „il est aimé" (Vorgang). Um nun jeweils Ergebnis bzw. Zustand ausdrücken zu können, griff man auf die periphrastische Konstruktion „aedificata fuit" zurück: „elle fut construite".

4) Das –to-Partizip: aktiv und passiv

Wir haben bisher fast nur von den synthetischen Formen gesprochen; in den ana-lytischen begegnen sich Passiv („amatus sum") und Aktiv („mentitus sum") morpho-logisch wieder. Deponentien und aktive Verben greifen auf das –to-Partizip zurück, das ursprünglich ein genus- und tempusindifferentes Verbaladjektiv war.[11] Adjektive wie „subitus", „tacitus" und „quietus" zeigen, dass der Handlungscharakter in ein Qualitätsmerkmal umgewandelt werden konnte; historisch richtig ist, dass das Letztere die ursprüngliche Form war. Dieses Phänomen wird uns im Französischen wieder begegnen. Durch Hinzufügen der Formen von „esse" wurden diese Verbal-adjektive in das lateinische Tempus-Schema eingefügt. Fehlt dieses Hilfszeitwort etwa im Participium coniunctum oder im Ablativus absolutus, dann zeigt sich ihr infiniter Charakter: Sie sind „Semi-Tempora".[12] Wie viele Verben bald transitive, bald intransitive Konstruktionen haben, so sind die Partizipien des Perfekts einmal aktivisch, dann wieder passivisch. Die Regel, dass die transitiven Verben ein passivisches Partizip bilden, durchbrechen „iuratus", „desperatus" und ähnliche.[13] Die Perfektpartizipien der Deponentien sind in der Regel aktivisch. Wie sehr diese generelle Aussage differenziert werden muss, zeigt z.B. die Form „mortuus". Rein

---

[10] Gamillscheg, Syntax, 324 ff.
[11] Stolz-Schmalz, Grammatik, 544 f.
[12] Weinrich, Tempus, 300
[13] vgl. Kühner-Stegmann, Grammatik, 97 ff.

passivische Bedeutung haben die Partizipien folgender Deponentien: „adepta libertate…, adeptam victoriam…, augurato templo".[14]

Wir wollen nur ganz kurz vorgreifen, wenn wir die oft hervorgehobene Bedeutung der Partizipien resp. Verbaladjektive noch einmal unterstreichen. So weit sie zu den Deponentien gehören, haben sie generell aktive Bedeutung, können also gegebenenfalls auf diese zurückwirken und ihnen eine passive Nuance verleihen. Das ist aber nur möglich, wenn die entsprechenden Deponentien transitiv sind. Wenn nun einige Deponentien passivischen Sinn annehmen, dann kann man aus ihnen aktive Verben mit aktivem Sinn bilden und (bzw. oder) die Deponentien nicht mehr als solche behandeln, sondern als passive Formen aktiver Verben. „So hat die Transitivierung der Deponentia zu ihrem Untergang mitgewirkt."[15]

---

[14] ebd. 111, Nr.7. Vgl. Wistrand, Passiv, 48 ff.

[15] Wistrand, Passiv, 49. – Zur Einleitung ist noch folgendes nachzutragen: Wistrand, Passiv, 41, stellt fest, dass alle Deponentien „in einer Hinsicht übereinstimmen: Sie verbinden sich regelmäßig mit belebtem Subjekt." Er hat nur eine einzige Ausnahme vorgefunden: „liqui". Wistrand, Passiv, 44, stellt die These auf, „dass das Passivum seine eigentliche und ursprüngliche Anwendung bei unbelebten Subjekten hat." – Stéfaninis Einteilung der Pronominalverben geht im Prinzip auf Dangeau zurück, der in den Jahren nach 1711 als erster vom „verbe pronominal" gesprochen habe. Vgl. Stéfanini, 75 f. Die beiden Hauptkennzeichen der pronominalen Verben sind in morphologischer und syntaktischer Hinsicht: 1. das Hinzufügen des Pronomens „se"; 2. die Bildung mit „être" in den zusammengesetzten Zeiten; Stéfanini, 83. – Zur Anm. 9: Wenn wir Gamillscheg, Syntax, 329 f., richtig verstehen, so besteht für ihn der Unterschied zwischen „terra movet" und „terra movetur" darin, dass im ersten Fall eine Potentialität, im zweiten eine Aktualisierung bzw. Realisierung der Potentialität ausgedrückt wird.

B) Hauptteil

I. Zum Verbalsystem im klassischen Latein

1) Finite und infinite Verbformen am Beispiel der „Germania"

Ausgehend vom ersten Kapitel der „Germania", die Tacitus 98 n. Chr., also in der Mitte der Spätklassik oder der silbernen Latinität, verfasste, wollen wir einige Aussagen über das Genus- und das Tempussystem der Verben machen, um so eine Basis für die Behandlung des Vulgärlateins und der späteren, d.h. der romanischen Epochen zu legen. In dem wie folgt zitierten Abschnitt über Rhein und Donau fügen wir hinter die sieben Verbformen jeweils die entsprechende aus einer neufranzösischen Übersetzung an:[16]

> *Rhenus Raeticarum Alpium inaccesso ac praecipiti vertice ortus (jaillissant) modico flexu in occidentem versus (s'infléchissant) sepentrionali Oceano miscetur (se mêle à). Danuvius molli et clementer edito montis Abnobae iugo effusus (épanchant) pluris populos adit (rend visite), donec in Ponticum mare sex meatibus erumpat[17] (se précipite); septimum os paludibus hauritur (se perd).*

Die beiden Subjekte, die hier beschrieben werden, sind geographische Gebilde, deren Handeln ein sich dauernd wiederholender Vorgang darstellt. Für die verbale Beziehung solcher Verhältnisse, Charakteristiken und Wahrheiten verwendet man in der Regel das Präsens, wie es auch hier mit den vier finiten Verbformen geschieht, von denen zwei im Passiv, die anderen in der intransitiven Form des Aktiv stehen. Die Stoßkraft dieser Verben scheint uns so auf ein Minimum beschränkt zu sein. Die beiden Flüsse agieren weit mehr aus sich heraus als dass sie auf anderes wirken. Die französische Übersetzung kennzeichnet diesen Umstand durch Verwendung dreier Pronominalverben und des Ausdrucks „rendre visite à".

Was die infiniten Verbformen betrifft, so liegen drei Perfektpartizipien vor, von denen „ortus" von einem echten Deponens herrührt. Die Umgebung durch finite Verbformen im Präsens und der ganze Kontext lassen aber nicht zu, dass diese Partizipien ihrem perfektischen Charakter gerecht werden, d.h. dass sie generell eine abgeschlossene Handlung und einen erreichten Zu-

---

[16] Tacitus, Germania, hrsg. von Josef Lindauer, Hamburg: Reinbek 1967, 6. Die dazu benutzte Literatur ebd. 142 (Melin) gibt keine unsere Fragen betreffende Auskünfte; Tacite, La Germanie, hrsg. von J. Perret, Paris 1962, 70.

[17] Nicht immer wurde hier der nach „donec" mögliche Konjunktiv zum Ausdruck des finalen Nebensinnes gesehen, sondern gelegentlich findet man auch die 3. Person Präsens im Indikativ, der also auf die Finalität verzichtet zugunsten der reinen Temporalität („erumpit").

stand ausdrücken. Es ist vielmehr so, dass den drei Partizipien, die eine perfektivische Aktionsart haben, ein durativer bzw. iterativer Aspekt zukommt:[18] Der Rhein wendet sich ganz grundsätzlich und beständig nach Westen. Dadurch, dass sich eine dauernd vollendete Handlung wiederholt, bleibt sie unvollendet. Wie sehr dieser Tatsache der deutsche und der französische Übersetzer Rechnung tragen, ist leicht zu überprüfen.

2) Das Genus der Partizipien

Wenn wir nun das Genus-Problem der drei Partizipien betrachten, so vertiefen wir uns in die Zusammenhänge und Verhältnisse von Aktiv, Medium und Passiv. „Ortus" ist formal ein aktives Partizip eines Deponens, „effusus" passives Partizip eines aktiven Verbs. Sicherlich darf hieraus nicht gefolgert werden, dass der Rhein „aktiver" ist als die Donau, diese damit „passiver" wäre als der Rhein, sondern der parallele Aufbau dieser Flussbeschreibungen zeigt deutlich, dass die beiden Partizipien auf dieselbe Genus-Ebene zu stellen sind. Sie drücken einen medialen Charakter aus: weder reine Aktivität noch reine Passivität, sondern Medialität. „Eine Veränderung am Subjekt vollzieht sich unter Einwirkung einer sinnlich nicht fassbaren, z.B. übernatürlichen, daher auch sprachlich nicht bezeichneten Kraft."[19]

Tacitus zeigt an dieser Stelle ansatzweise, wie es möglich ist, das Partizip des Perfekts aus dem Tempusschema zu lösen und ihm etwas von seinem ursprünglichen verbaladjektiven Charakter zurückzugeben. Wie weit nun hier – das sei einschränkend zugegeben – ein persönlicher oder allgemeiner Gebrauch der damaligen Zeit vorliegt, vermögen wir nicht zu entscheiden. Das Verhältnis von Syntax und Stilistik[20] müsste hier überprüft werden. Außerdem zeigt sich an dieser Stelle wiederum die oben betonte Flexibilität des Perfektpartizips, das in den romanischen Sprachen zu solcher Bedeutung gelangt ist, indem es ihnen heute mit Hilfe mehrerer Auxiliarverben das gesamte Passiv und die zusammengesetzten Zeiten liefert.

3) Die Bedeutung des –to-Partizips

Die beiden Partizipien „ortus" und „effusus" lassen sich noch weiter interpretieren, und zwar nun in temporaler Hinsicht. Folgen wir Weinrichs Kategorien von „besprochener" und „erzählter Welt", so liegt hier eindeutig die erstere vor. Wie vorher Gamillscheg, so gibt auch er uns

---

[18] Diese Begriffe – wie auch „Stoßkraft" – übernehmen wir von Gamillscheg, Syntax, 325 und 327.
[19] Diese Definition des Mediums wird nach Reichenkron, Passiv, 2, zitiert, der sie seinerseits aus einer Vorlesung von Gamillscheg übernommen hat. – Vossler, Kultur, 58, spricht von „medialer Unentschiedenheit".
[20] Wir verstehen die beiden Begriffe so, wie sie Schramm in seiner Gedächtnisrede für Eugen Lerch nach diesem verstorbenen Romanisten definiert. Studia Romanica, Gedenkschrift für Eugen Lerch, Stuttgart 1955, 13.

jetzt die Möglichkeit, die „Semi-Tempora" Partizip Perfekt Passiv und Aktiv in die „bespro-chene Welt" einzubeziehen, da sie dem Tempus-System gegenüber indifferent sind, sich also jeweils an die „besprochene" bzw. „erzählte" Welt anpassen. Nun ist es Weinrichs Anliegen festzustellen, unter welchen Bedingungen das „Perfektum als besprechendes Tempus fungieren kann"[21]. Er zeigt, dass Cäsar gerade nicht das analytische, sondern hauptsächlich das syntheti-sche Perfekt verwendet, weil er „erzählt".

Bedient er sich der to-Formen der aktiven Verben bzw. der Deponentien, dann als participia coniuncta, nicht als finite Verbformen: „Caesar in Galliam profectus… interfecit", und nicht – um bei diesem Beispiel zu bleiben – „Caesar in Galliam profectus est .. et .. interfecit", weil das analytische Perfekt nach Weinrich eher der „besprochenen Welt" angehört. Kehren wir Wein-richs Argumentation nach dem Gesetz der Logik um, so dürfte es uns erlaubt sein, aus Tacitus' Partizipien die finiten Verbformen „ortus est", „versus est" und „effusus est" zu bilden. Der besprochene Charakter, den Cäsar gerade vermeiden will, müsste in der „Germania" erhalten bleiben. Dies scheint uns aber keineswegs der Fall zu sein. „Effusus est" und „versus est" wür-den sich in ein passives, „ortus est" in ein aktives Geschehen auflösen, das außerdem seinen festen Platz im Tempus-System einnähme.

4) Syntax und Stilistik. Ausblick aufs Spätlatein

Im Kontext dieses Problems übernehmen wir aber Weinrichs Geständnis „Ich bin mit der latei-nischen Literatur nicht so gut vertraut, dass ich eine abschließende Antwort geben könnte" und seine indirekt ausgesprochene Forderung „Es dürfte nämlich ein Irrtum der bisherigen lateini-schen Tempuslehre sein, zwischen Aktiv, Deponens und Passiv nicht zu unterscheiden"[22], in-dem wir zu dieser Dreiheit der Genera auch die besondere Behandlung des Perfektpartizips zählen möchten. – Eine stilistische Untersuchung der Tacitus-Stelle könnte auf die Parallelität zwischen „ortus" und „effusus", zwischen „versus" und „adit" und zwischen „miscetur" und „erumpat" bzw. „hauritur" hinweisen. Sie könnte vor allem im Danuvius-Satz eine merkliche Schwächung der Passivität von „effusus" über „adit" zu „erumpat" feststellen, die dann – wie vorher bei „miscetur" – noch einmal mit „hauritur" zum Durchbruch kommt. Im Zusammen-hang mit der Syntax wäre dann noch hervorzuheben, wie Tacitus die beiden Flüsse aus der Medialität („ortus", „effusus") entstehen und sie durch Reziprozität (Vermischen mit dem Meer bzw. mit den Sümpfen) münden bzw. versiegen lässt. Inhaltliche Aussage und syntaktische Bedeutungsnuance sind kongruent. Für unsere Betrachtung ist es noch von Bedeutung darauf

---

[21] Weinrich, Tempus, 299
[22] ebd.

hinzuweisen, dass die vielleicht von „verti", doch eher von „vertere" abgeleitete Form „versus" in einem vulgär- bzw. spätlateinischen Text durch ein „se vertens / versus", das „effusus" durch ein „se effundens / effusus" ersetzt worden wäre[23], durch analytische Formen also, die seit dem Niedergang des Lateinischen üblich wurden für den Ausdruck der Reflexivität bzw. Medialität. Eintausend Jahre später findet sich eine der beiden Formen wieder als Partizip des von „vertere" zu "vertir(e)" übergegangenen, neutralen Verbs in der neufranzösischen Bedeutung „tourner", "tomber": „Granz est li dols ki sor mai est vertiz."[24] Das perfektivische „vertir" drückt Einmaligkeit der Handlung, Zustand und Passivität aus.

II. Zur Entwicklung im Spätlatein

1) Sermo vulgaris latinus

a) Einige Verbuntersuchungen

Wir verstehen unter Spätlatein das gesprochene (Vulgärlatein) und geschriebene Latein vom Ende der Spätantike (200 n. Chr.) bis zum Ausgang des Merowingerlateins (Beginn der Regierung Karls des Großen)[25]. Anhand von kaum mehr als einem Dutzend typischer Verbformen aus dem „Sermo Vulgaris Latinus"[26] werden wir zuerst versuchen, die semantischen und vor allem syntaktischen Veränderungen im Spätlatein aufzuweisen, indem wir freilich das halbe Jahrtausend dieser Periode vereinfachend als Einheit auffassen müssen, was sich auch für die anderen Zeiträume in der Sprachgeschichte nicht vermeiden lässt. Im Anschluss an die Partizipien aus der „Germania" finden wir „ortus" in der Itala in einem Ablativus absolutus wieder[27].

---

[23] Wistrand, Passiv, 60, betont ein „abweisendes Verhalten gegen die reflexive Form bei Sachsubjekt" hinsichtlich der Sprache des Tacitus. Das zeigt einerseits, dass wir es mit einem klassisch-konservativen Schriftsteller zu tun haben, andererseits, das sich der allgemeine Sprachgebrauch schon weit von der Klassik entfernt hat, behauptet doch Wistrand, Passiv, 41, dass die Deponentien der Volkssprache „vielleicht schon mit der beginnenden Kaiserzeit fremd werden", und das heißt etwa ein Jahrhundert vor der Niederschrift der „Germania". Fast wörtlich gleichlautend Stolz-Schmalz, Grammatik, 542. – Tacitus' „erumpat" kann in der vorliegenden Bedeutung in der späteren Literatur ein „se" zu sich nehmen. Vgl. dazu Kühner-Stegmann, Grammatik, 96; Norberg, Forschungen, 159.

[24] Albert Henry, Chrestomathie de la littérature en ancien français, Bern 1953, 13,43, S.20.

[25] Hermann, Latin Vulgaire, 16; Vossler, Vulgärlatein, 48; Väänänen, Latin Vulgaire, passim. Aus der Sicht der Mittellateiner dehnen wir diese Epoche zu weit aus, setzt doch Karl Langoschs Vorlesung im SS 1966 an der Universität Köln (ebenso wie in seinem Buch über das lateinische Mittelalter, 8 f.) die zeitliche Ausdehnung des Mittellatein mit der des Mittelalters gleich: von 500 bis 1500. Dagegen lassen Romanisten wie J.M. Piel, Vorlesung im WS 1965/66 an der Universität Köln, das Spätlatein etwa mit dem Beginn des Auftauchens der ersten volkssprachlichen Quellen auslaufen. – Auch über die Begriffe „Vulgär-," und „Spätlatein" soll hier nicht diskutiert werden.

[26] Gerhard Rohlfs, Sermo Vulgaris Latinus. Vulgärlateinisches Lesebuch, 2. Aufl. Tübingen 1956. Wir übernehmen hier Rohlfs' Abkürzungen auf der Seite 69.

[27] Rohlfs, Sermo, Matth. 13,6, S.14

Nur eine Zeile weiter oben lesen wir in einer hyperkorrekten Schreibweise ein Kompositum: „Et continuo exhorta sunt…"[28] „Er schoss schnell auf…"[29]

Die fehlerhafte Auslassung („ortus", Garten) oder die Hinzufügung eines initialen „h" findet sich häufig in spät- und mittellateinischen Texten, was das Altfranzösische übernommen hat: „(h)ostis". Wenn sich neben einem „ortus" (Garten) ein „ortum" (Gemüse)[30] findet, neben „auris" (Ohr) ein „aurum" (Gold), so wird verständlich, wie auf dem Weg zum Altfranzösischen Homonyme[31] mit „hora", „orare", „hortari" und dergleichen entstehen konnten und dass „oriri" und *„orire" zum Untergang verurteilt waren, auch wenn das Spanische noch heute das Substantiv „orto" für den Aufgang der Gestirne kennt.

Parallel zu unserem letzten Beispiel aus dem klassischen Latein („v$\underline{e}$rtere" > „vert$\underline{i}$re") können wir die Entwicklung von „ten$\underline{e}$re" zu „ten$\underline{i}$re" vorfinden[32]. Zumindest erwähnt werden soll die Erscheinung, das Futur mit „habere" zu bilden: „daras" = „dare habes"[33] und „irabis" = „ire habes"[34]. Das für unsere Untersuchung wichtige Phänomen, dass Deponentien morphologisch in aktive Verben verwandelt werden, ohne ihren Sinn zu ändern, zeigt sich in mehreren Fällen: „convivari" > „convivare" u.a.[35] Andere Deponentien werden in Glossen durch aktive Verben erläutert: „fagi" wird durch „manducare" erklärt.[36] Das Deponens „frui" erhält ein Inchohativ-Suffix, behält zwar seinen Sinn, steht aber nicht mehr mit dem Ablativus instrumentalis[37], sondern mit dem Akkusativ: „fruniscor"[38]. Für „ambulare" findet sich einmal „alare", der Vorläufer eines „aler" / „aller", ein anderes Mal „amnare"[39].

---

[28] ebd., Matth. 13,5

[29] Es handelt sich hier um das Gleichnis vom Sämann. Das Neue Testament, übersetzt und erläutert von Konstantin Rösch, Paderborn 1946, 36 f.

[30] Rohlfs, Sermo, Cap. 3, S.56

[31] vgl. dazu vor allem St. Ullmann, Précis de sémantique française, Bern 1952, 219 ff. – Gerhard Rohlfs gibt dazu ein seiner „Einführung in das Studium der romanischen Philologie", Heidelberg 1966, ein weiteres Werk an, das uns aber wegen der wie folgt zitierten ungenauen Angabe bisher nicht zugänglich war: Rohlfs, Einführung, 88, Anm. 1: „Elise Richter, Über Homonymie (Festschrift für P. Kretschmer, 167 ff.)".

[32] Rohlfs, Sermo, Or. VIII

[33] ebd., Fred. 85, 27

[34] ebd., 57, Anm.1

[35] Rohlfs, Sermo, Petr. 57,1, S.2

[36] ebd., Gl. 1,68, S.58

[37] Siehe zur Nachfolgekonstruktion des instrumentalen Ablativs die in unserer Bibliographie zitierte Arbeit von Beckmann.

[38] Rohlfs, Sermo, Petr. 75,1, S.3

[39] ebd., Gl 1,83-85, S.58; Inschr. 70, S.8

b) Deponens und Refexiv

b1) lavare – lavari

Noch nebeneinander stehen „lavari" und „lavare" mit der Bedeutung „(sich) waschen": „Ego...
non cotidie lavor... Nec sane lavare potui; fui enim hodie in funus", „...auf einer Beerdi-
gung"[40]. Stimmt unsere folgende Interpretation, so läge hier eine heute noch gültige Unterscheidung vor, wie sie die französische Sprache in den Sätzen „Le magasin <u>se</u> ferme à 19 heures"
und „Le magasin ferme à 19 heures" kennt: Eine morphologische Veränderung des Verbs lässt
das generelle Geschehen, die Eigenschaft („lavor" – „il ferme") zu einer aktualisierten, einma-
ligen Handlung werden: „lavare potui" – „il se ferme". Die unmittelbare Aufeinanderfolge der
beiden lateinischen Formen, des Deponens und des Aktivs, und die Hinzufügung der Zeitad-
verbien „cotidie" bzw. „hodie" unterstützen uns in unserer Deutung, auch wenn im lateinischen
Beispiel ein handlungsfähiges, im Französischen aber ein Sachsubjekt vorliegt.

b2) me duco

Die besonders für die weitere Entwicklung zum Alt- und Neufranzösischen wichtige Tendenz
der Reflektivierung, vor allem bei den Verben der Bewegung, trifft man in Rohlfs' Zusammen-
stellung mehrmals an. Sagt ein „se misit"[41] noch nicht allzu viel Neues aus, so bildet die Glos-
sierung „ego duco me[42]" in der Bedeutung „ich gehe" die Ausgangsbasis für ähnliche Formen
im Altfranzösischen. Wenn Hatcher[43] weitere Beispiele für „me duco" und „me fugo" im
Lateinischen nur aus Plautus anführt, muss sie, wenn sie diese Form generalisiert, fast natürlich
zu ihrem Fehlschluss kommen: „One may never lead or give chase to oneself; a „me duco" and
... a „me fugo" only pretend that for the moment the subject has become twins: one the led, the
chased; the other the leader, the chaser."[44] Ihre Fehlinterpretation beruht einerseits darauf, dass
sie das Schema "alium...o > me...o" hier nicht anwenden kann, was schon Gamillscheg anhand
anderer Beispiele zeigt[45], und dass sie andererseits dem zitierten Ausdruck generell eine komi-
sche Wirkung zuspricht, was zwar für Plautus richtig sein mag, für unsere Glossae Vaticanae
aber wohl kaum zutreffen dürfte. Dass wir hier ein nicht-deponentiales Verb in seiner reflek-
tiven Konstruktion so ausführlich diskutiert haben, liegt daran, dass wir bei Rohlfs nur ein solches gefunden haben. Für Deponentien in derselben Konstruktion wie „me duco" gibt Hatcher
genug Beispiele im Abschnitt über das Schema „alium...o > me...o", z.B. „me misereor", „me

---

[40] ebd., Petr. 42,1, S.2
[41] ebd., Mul. 399, S.20
[42] ebd., Gl. 4,7, S.60
[43] Hatcher, Verbs, Index, 204
[44] dies., 65
[45] Gamillscheg, Rez. Hatcher, 809; ders., Nachwort, passim

tueor", „me ulciscor"[46]. Für dieses Schema stellt Hatcher dann in gleicher Weise Listen von Beispielen aus dem Alt- und Neufranzösischen auf.[47]

b3) Neues Reflexiv und neues Passiv

In diesem Zusammenhang sei noch ein neues charakteristisches Beispiel erwähnt: Die Ersetzung eines Semideponens der konsonantischen Konjugation durch ein vom Partizip gebildetes reflexives Verb der ersten Konjugation: In der Mulomedicina Chironis steht „se reversare" für „reverti"[48]: Der einfacheren analytischen Form und der leichteren und häufigeren a-Konjugation wird der Vorzug gegeben. Diesem Beispiel liegt Hatchers Schema Nr. 3 zugrunde: „...or" = „me...o".[49] Aber ihre Deutung, dass in der reflexiven Wendung „a suggestion of responsibility or purposefulness on the part of the subject" vorliege, trifft für das von uns zitierte Verb nicht zu. Dagegen ist es wichtig hervorzuheben, dass nach dem Verlust von „reverti, revertor, reverti" für das Perfekt kein synthetischer, sondern nur der analytische Ausdruck „reversus sum" zur Verfügung stand, der – wenn auch ursprünglich von einem Deponens – eine Zuständlichkeit und keine aktive Tätigkeit mehr wie „auxiliatus sum", „mentitus sum" wiedergab. Dasselbe trifft ja für das neufranzösische „je suis venu", „...tombé" usw. zu. Wenn wir dagegen „marcher" und „courir" in den zusammengesetzten Zeiten mit „avoir" konjugieren, dann geschieht dies aufgrund der anderen Aktionsart.

Der stark adjektivische Charakter des PPP wird deutlich in Verbindungen wie „occupatus sum terrenis operibus"[50], während im folgenden Artikel einer Karolingischen Landgüterordnung aus der Mitte des 8. Jahrhunderts die Vorform des heutigen französischen Präsens Passiv eindeutig den Sieg davongetragen hat: „Ut silvae vel forestes nostrae bene sint custoditae"[51], und nicht mehr „...custodiantur".

c) Semantisches und Syntaktisches zu minari

Als letztes Beispiel aus Rohlfs' Lesebuch soll „minari", REW 5585, angeführt werden, das im klassischen Latein ein echtes Deponens mit der Bedeutung „drohen" ist. Dieses Verb ändert sich semantisch in „das Vieh durch Drohungen antreiben" und schließlich in „führen, leiten". Wenn wir in einer Glosse „vade, mina carrum illum"[52] finden, hat das Verb die angedeutete morphologische und semantische Veränderung erfahren; das Zitat – das soll noch hinzugefügt

---

[46] Hatcher, Verbs, 39-44
[47] ebd., 77-86; 149-154
[48] Rohlfs, Sermo, Mul. 399, S.20
[49] Hatcher, Verbs, 52 ff.
[50] Rohlfs, Sermo, Caes. 33,33, S.36
[51] ebd., Cap. 36, S.56
[52] ebd., Gl. 6,10 ff., S.60

werden – stammt aus dem 10. Jahrhundert. In den Reichenauer Glossen werden „minas" durch „manaces" (nfrz. „menace,s") erklärt.[53] Nominal- und Verbalformen stimmen also in beiden Sprachen in ihrer Bedeutung jeweils überein: die Nominalform hat die alte Bedeutung bewahrt, dagegen hat die verbale die neue angenommen. Das wird auch deutlich, wenn zur Zeit der Reichenauer Glossen die klassisch-deponentiale Form „minatur" nicht mehr verstanden wird. Der Schreiber erklärt sie durch „manatiat"[54]. Wie sehr aber die damalige Zeit an der Schwelle des Bedeutungsübergangs von „drohen" zu „führen" steht, zeigt sich, wenn wir den gesamten Kontext, in dem das erste „minari"-Zitat auftaucht, wiedergeben: „Subaudit: subaudire (nfrz. etwa „sousentendre") enim est quotiens aliquis dicat „vade, mina carrum illum", non carrum minat sed boves, qui eum trahunt."[55]

2) Systematisierung des spätlateinischen Deponens und seiner Nachfolge-konstruktionen

I.   Das Deponens, das über Jahrhunderte hinweg mediale, reflexive, reziproke oder aktive Bedeutung haben konnte, erhält in der sich deutlich verbreitenden Reflexiv-konstruktion den stärksten Konkurrenten.[56]

II.   Die Behauptung, dass sich die Deponentien allmählich und in gradliniger Entwicklung morphologisch in aktive bzw. reflexive Verben verwandeln („minari" > „minare", „complecti" > „se complectere") ist falsch. Nehmen wir nur Rönschs Untersuchung der Sprache in Itala und Vulgata zur Hand, so zeigen sich zwar viele alte Deponentien im neuen aktiven Gewand[57], aber die umgekehrte Entwicklung ist ebenso erkennbar.[58] Dabei spielen Analogien und archaisierende Tendenzen eine wichtige Rolle. Dag Norberg[59] behauptet sogar, dass „man im spätesten Latein mehr oder weniger zufällig von fast jedem beliebigen Verb deponentiale Formen bilden konnte."

III.   Ein weiteres wichtiges Phänomen betrifft die Semantik der Deponentien: Ähnlich wie die aktiven Verben verändern sie ihre Bedeutung. Sie können aber auch passiven Sinn

---

[53] ebd., Gl. 1,75, S.58

[54] ebd., Gl. 1,14, S.58

[55] Semaciologisches und Lexikologisches zu „minari" findet sich zusätzlich bei Bambeck, Wortstudien, 41.

[56] Die drei Perioden, die Beckmann, Ablativ, 176, für seine Untersuchung aufstellt, treffen auch auf unsere zu: Er unterscheidet eine „synthetische", eine zweite lange Periode, in der „synthetische und „analytische" Formen nebeneinander gestanden haben, und schließlich die „analytische".

[57] Rönsch, Itala, 297-301

[58] ebd., 302-304. Zu demselben Ergebnis kommt Beckmann für seinen Ablativus instrumentales im 2. Teil, 12. Abschnitt, 171 ff. Doch „die Vulgärsprache …muss den regressiven Konstruktionen gegenüber im wesentlichen immun geblieben sein, da sich keine davon im Romanischen wiederfindet." Beckmann, ebd., 176. – Man beachte auch Stolz-Schmalz, Grammatik, 545 f. – Norberg, Forschungen, 151 ff, der hauptsächlich historische Quellen des 7. und 8. Jahrhunderts untersucht, gibt in seinem Index etwa 40 ehemals aktive Verbformen an, die als Deponentien mit aktiver Bedeutung auftreten: „vivi", „credi" u.a.

[59] Norberg, Forschungen, 157. Hatcher, Verbs, 20 ff., zeigt die Bildung neuer Deponentien von einem Nominalstamm her; darauf wird später einzugehen sein.

annehmen, so dass es von da ein leichtes ist, morphologisch aktive Formen mit aktivem Sinn zu verwenden. Wenn z.B. „consolari" nicht mehr „trösten", sondern „getröstet werden" bedeutet, entsteht ein „consolare", „trösten".[60]

IV. Das Spätlatein kann in mancher Hinsicht mit dem Altlatein verglichen werden, wenn dieses Formen wie „adorio", „cohorto", „osculo", „tuto" kennt. Dabei kommt dem Perfektpartizip wieder eine zentrale Funktion zu.[61]

V. In ihm treffen sich die traditionell aktiven und neu aktiv gewordenen Verben (d.h. ehemalige Deponentien), um die analytische Formen „habeo amatum feminam", „habeo eam amatam", „femina amata est" – d.h. „j'ai aimé...", „ je l'ai aimée", „elle est aimée" – zu bilden[62]. Eine Reihe von Deponentien wie „mori" > „morire", „partiri" > „partir(e)", „sortiri" > „sortir(e)" machen diese Entwicklung nicht mit und können deshalb im Nfrz. kein Präsens Passiv (*„je suis mort") und kein Perfekt Aktiv (*„j'ai été parti") bilden[63]. Andererseits bewahren diese Formen nicht nur das deponentiale Erbe („partitus sum" > „je suis parti"), sondern entwickeln, da ihr Präsensstamm morphologisch aktiv wird, ein weiteres Tempus der Vergangenheit: „partiri" wird „partir(e)" und bildet wie „servir / il servit" die Form des historischen Perfekt „il partit"[64].

VI. Die Reflexivkonstruktion übernimmt nicht nur viele Funktionen des Deponens (eben reflexive, reziproke, mediale), sondern erfährt auch dadurch einen Aufschwung, dass sie sich auf ein sachbezogenes Subjekt ausdehnt[65] und bald zu einer Art „Intransitivzeichen"[66] herabsinkt, aber noch kaum zum Ausdruck der Passivität benutzt wird, wie es heute im Französischen möglich und nicht selten ist: „Ce livre se lit rapidement."

---

[60] Rönsch, Itala, 346-387, nennt etwa 25 bis 30 Beispiele. Vgl. auch 388 f. Es kommt hier freilich der besondere Umstand hinzu, dass wir es mit Christenlatein zu tun haben. Vgl. dazu die Bibliographie bei Langosch, Mittelalter, 37 ff., besonders die Arbeiten von Christine Mohrmann.

[61] Das kann hier nicht ausgeführt werden. Wir verweisen auf Stolz-Schmalz, Grammatik, 545. Vgl. auch Norberg, Forschungen, 151, und Beckmann, Ablativ, 201.

[62] Vgl. Guillaume, déponent, 22. Muller betont in den von uns eingesehenen Artikeln und Aufsätzen nachdrücklich, die synthetische Perfektbildung und das klassisch-lateinische Verbalsystem überhaupt hätten sich bis ins späte 8.Jahrhundert erhalten. Vgl. Muller, Spoken language, 334; ders., Passive Voice, 68, 92 f.; ders., Chronology, 170. Seine Darstellung der extrem späten Entwicklung scheint nur wenig Anklang in der Forschung zu finden. Stéfanini, Voix, 167 Anm. 1, erkennt das neue analytische Perfekt noch nicht für das 5. Jahrhundert an. Der Schritt dahin vollziehe sich erst mit Gregor von Tours. Stéfanini diskutiert diese Frage auf den folgenden Seiten weiter, schließt sich dann aber Mullers Meinung an. Die große Wende vom lateinischen zum romanischen System falle in die beiden letzten Jahrzehnte des 8. Jahrhunderts: Einerseits verschwinde dort das synthetische Passiv, andererseits gewinne zu derselben Zeit das analytische Perfekt die Oberhand. – Wie im neuen analytischen Perfekt der Übergang vom Zustand („habeo exercitum divisum") zum Vorgang („habeo divisum exercitum") maßgebend ist, zeigt Gamillscheg, Syntax, 417.

[63] Norberg, Forschungen 152 f.

[64] Gamillscheg, Syntax, 421 f.

[65] Wistrand, Passiv, 64 ff, 69; Reichenkron, Passiv, 18.

[66] Wistrand, Passiv, 120. Vgl. Stolz-Schmalz, Grammatik, 546; Meyer-Lübke, Passiv, 163, Anm.2 – Zur Ablösung des lateinischen Passiv durch die Reflexivkonstruktion siehe den Aufsatz von Elise Richter.

VII. Ein pleonastisches, den dativus commodi bzw. ethicus darstellendes „sibi" konnte bei Verben der Bewegung, des Affektes und vor allem des persönlichen Interesses hinzugefügt werden. Neben „se" liest man „sibi vadere", „sibi confiteri", „sibi putare". Darüber hinaus finden sich mit „sibi" vor allem „credere", „arbitrari", „dicere", „colloqui", „reverti", „ambulare", „peregrinari", „nasci", „mori", „gloriari", „gaudere". Synonym verwendet wurden „se crescere" und „sibi nasci", „sibi refrigerare" und „se gelere"[67]. Von hier ist es nur ein kleiner Schritt zum Afrz. „soi croistre", „soi revertir" und „soi seoir"[68]. Die Verben der Bewegung und der Emotion tendieren am stärksten zum reflexiven Ausdruck.[69]

VIII. Eine Reihe umschreibender Konstruktionen wie „inter se" (nfrz. „l'un (à) l'autre", „ils s'entre-....", „mutuellement") zum Ausdruck der Reziprozität und „incipere" als Zeichen eines Ingressivums[70] (afrz. „il prist à" mit Infinitiv) ersetzen Nuancen, die jeweils ein Deponens oder ein aktives Verb ausdrücken konnten. Dazu zählen auch Formen wie „per-", „de-", „evenire" (neuital.) und „fieri". Ein Ersatz liegt auch vor, wenn für schwieriger zu konjugierende Deponentien einfachere Formen gewählt werden, wenn also ein „se conferre" das „proficisci" verdrängt. Schließlich müssen auch noch romanische Neuerungen erwähnt werden wie „homo" (nfrz. „on"), die ebenso unbestimmte Form der 3. Person Plural und das unpersönliche „il" („il est arrivé trois filles").[71] Wir können also verallgemeinernd feststellen, dass diese neuen Umschreibungen analytischen Charakter haben.

IX. Die Frage, ob das Deponens („morior") zeitlich parallel mit dem synthetischen Passiv („amor") den analytischen Formen weichen musste, scheint zu bejahen zu sein. Auch das Entstehen neuer Deponentien und das Aufkommen des analytischen Passivs stehen dieser Auffassung nicht entgegen, wenn man bedenkt, dass andererseits viele der alten Deponentien verschwanden und das neue Passiv sich erst allmählich durchsetzte. Wie

---

[67] Norberg, Forschungen, 168 ff.

[68] Wir können hier nicht in den Streit, der zwischen Frau Hatcher und Emil Gamillscheg in den 40er Jahren ausgetragen wurde, eingreifen. Er betraf die Frage, wann im einzelnen ein Dativ, wann ein Akkusativ im Afrz. bzw. im Nfrz. zugrunde liegt („soi..." bzw. „se..."). In Gamillschegs Rezension, Hatchers Entgegnung und Gamillschegs Nachwort wurden anhand von „s'apercoivre" die verschiedenen Standpunkte erläutert. – Vgl. auch Tobler, Beiträge II, 76, der das Pronomen für einen alten Akkusativ hält.

[69] Hatcher, Verbs, 61 und 70. Vgl. auch das Kapitel „Interessemedium" bei Gamillscheg, § 74. Da die verschiedenen möglichen Objektkonstruktionen hier nicht behandelt werden können, verweisen wir auf Beckmann, Ablativ, passim, und auf Gamillscheg, Syntax, §§ 75-86.

[70] siehe dazu den Aufsatz von Reichenkorn, Umschreibung.

[71] vgl. die Arbeiten von Weerenbeck, Asbeck und Niederstenbruch. Im Anschluss an Asbeck, Medium, 51 und 15, bringen wir ein Beispiel aus den 60er Jahren: Während eine italienische Tageszeitung mit der Überschrift „Adenauer è morto" aufwartete, schrieb eine andere: „E morto Adenauer": Inversion oder unpersönliches Medium?

schwer dies aber zu entscheiden ist, zeigen Formen, die jahrhundertelang nebeneinander gestanden haben mögen: *"me lavatum habeo", *"me lavatus sum", bis endgültig erst in der Renaissance die letzte Form sich als die richtige in der französischen Sprache etablieren konnte: „Je me suis lavé(e)".[72]

X.   „Neben den semantischen und den lautlichen Ursachen bleibt bei den Analytisierungen noch ein weiterer, in seiner Tragweite schwer abschätzbarer Faktor zu berücksichtigen: das sich allmählich entwickelnde Gefühl für die Leistungsfähigkeit der neuen Sprachstruktur."[73] Was die lautliche Angleichung betrifft, so zeigt sich diese am besten in den Präsensinfinitiven der ersten beiden und der i-Konjugation: „amare" – „amari", „monere" – „moneri", „audire" – „audiri".

III. Zum alt- und neufranzösischen „Deponens"

1) Straßburger Eide, Eulalia-Sequenz und methodische Folgerungen

Von welch geringem Umfang die beiden ältesten französischen Sprachdenkmäler auch sein mögen – eine Betrachtung über Verbformen kann fast unmittelbar an die des spätlateinischen Systems anschließen.[74] Zwei Ersatzkonstruktionen, die eine für ein Gerundivum („om dift salvar son fradra") oder eine andere Ausdrucksmöglichkeit, die andere für ein ebenso ungenanntes Subjekt: „Enz enl fou la getterent", d.h. für ein Passiv, lassen sich dort finden. Wo im Lateinischen ein *"praesentata est" gestanden hätte, hat die Sequenz „fut presentede". In drei weiteren

---

[72] Stéfanini, Voix, 212. Diese Arbeit des Aixer Romanisten, mit der eine der bedeutendsten Studien zu diesen Fragen vorliegt und die ein Material bewältigt hat, das sich in einer mehr als 30 Seiten starken Bibliographie widerspiegelt, haben wir als grundlegendes Werk für unsere Arbeit betrachtet. Für Stéfanini, Voix, 215, stellen die wichtigsten Phänomene für den Übergang vom Latein zur Romania die folgenden dar:
„-1- La confusion des formes d'accusatif et de datif dans le pronom personnel" und „-2- le nouvel accord de l'attribut dans les phrases du type ,se dicit (esse) bonus' soulignait, d'autre part, la prépondérance accordée à la personne du sujet." Stéfanini, dessen Arbeit sich hauptsächlich mit Alt- und Mittelfranzösisch beschäftigt, entdeckt in „L'Heptaméron" der Marguerite de Navarre nur noch ein einziges Beispiel für die Konstruktion eines reflexiven Verbs mit „avoir" in den zusammengesetzten Zeiten: Marguerite de Navarre, L'Heptaméron, Paris 1964 (éd. Garnier Frères), 274: „...combien qu'il se l'eut souvent souhaité pour beau frere,...".
[73] Beckmann, Ablativ, 190. Diese für die Entwicklung vom klassisch-lateinischen Ablativus instrumentalis zum präpositionalen Ausdruck gemachte Feststellung können wir nur für die angeführten Ersatz- und Nachfolgekonstruktionen des Deponens übernehmen, nicht aber für den Ausfall bestimmter, nur durch Deponentien wiederzugebender Bedeutungs- und Genusnuancen. Die Parallele zwischen Beckmanns und unserer Arbeit hat also ihre Grenzen. Das zeigt sich auch daran, dass theoretisch eine unbegrenzte Zahl von ablativi instrumentales, aber nur eine bestimmte Zahl von Deponentien zur Verfügung stand, nämlich für die Klassik etwa 400 an der Zahl. Insofern können wir Beckmanns Programm „Im Prinzip ist also das Thema...begrenzt durch die Frage: hätte hier im klassischen Latein ein ,Ablativ' ...gestanden?" nur mit Einschränkung für das Deponens zu übernehmen.
[74] Wir benutzen die Straßburger Eide und die Eulalia-Sequenz nach der Ausgabe von Albert Henry, Chrestomathie de la littérature en ancien français, Bern 1953, 2-3.

18

Fällen sind Deponentien der a-Konjugation zu aktiven Verben geworden: „…que por nos deignet preier" (lat. *"dignetur precari") und „enorter" (aus: „in" + „hortari" > *"enortare"). Dass diese Form sich im Französischen nicht durchgesetzt hat, führen wir auf die weiter oben im Zusammenhang mit „oriri, ortus" gemachten Ausführungen zurück.

Über die Ergebnisse aus der Untersuchung des spätlateinischen Deponens und seiner Nachfolgekonstruktionen hinausgehende Aspekte hat diese kurze Analyse nicht gebracht. Eher könnten wir resignierend feststellen, dass der Unterschied zwischen den zitierten Textstellen und lateinischen Quellen aus derselben Zeit geringer ist – sehen wir von orthographischen und phonetischen Gesichtspunkten ab und betrachten wir nur die semantischen und syntaktischen – als zwischen den letzteren und der Sprache in der „Germania". Dies beweist aber andererseits, wie auch Gamillscheg feststellt, die Fragwürdigkeit der Arbeit Hatchers, die das Vulgärlatein der späten Phase überhaupt nicht untersucht, sondern einen großen Sprung von der Klassik zum Altfranzösischen macht.[75] Unser Vorgehen scheint zumindest ein methodisch positives Ergebnis gebracht zu haben, zeigt sich doch hier in bescheidenen Ansätzen, dass „die französische Entwicklung…überwiegend die ungebrochene Fortsetzung der spätlateinischen ist. Ungebrochen ist die Entwicklung vor allem, weil sie die Analytisierung konsequent zu Ende führt."[76]

2) Grenzen der Interpretation altfranzösischer Texte – aufgezeigt am Vergleich zweier Varianten

Es muss noch eine weitere grundsätzliche Bemerkung gemacht werden, die besonders für das Altfranzösische zutrifft. Wir haben nach der Lektüre des Rolands- und des Alexiusliedes und anderer altfranzösischer Texte Vosslers generelle Behauptung „Die Verba werden nicht eindeutig konstruiert"[77] bestätigt gefunden. Es ist also Unsinn, jede „se"- bzw. „se"-lose Konstruktion mit Hilfe gewagter Interpretationen wie Versfüllung, Rhythmusangleichung und Schwerpunkt-verlagerung in ein System zwängen zu wollen, wie es vor allem Babin versucht.

Dass der altfranzösische Autor eine große Freiheit hatte, werden wir in angemessener Kürze anhand zweier Varianten der Novelle „La fille du comte de Pontieu"[78], auf die selbst Stéfanini kaum eingeht, darlegen. Ein erstes Beispiel bezieht sich auf die Objektkonstruktion des „se"-

---

[75] Gamillscheg, Rezension; ders., Nachwort; Hatcher, Entgegnung, 492 Anm. 1. Dass in Plautus' vulgärer Sprache bereits eine Entwicklung vom Deponens zum Reflexiv festzustellen sei, will Frau Hatcher als Gegenargument anführen.
[76] Beckmann, Ablativ, 287
[77] Vossler, Kultur, 58
[78] hrsg. von Chlovis Brunel, Paris 1926, CFMA Nr. 52. – V1 bedeutet 1. Variante; V2 bezieht sich auf die zweite, etwa 80 Jahre später verfasste Variante. Die von uns zitierten Beispiele entnehmen wir den Seiten 5,6,7,26,31,36,39,22,21. – Vgl. auch ZRPh 44 (1924), 340 f.

losen „approcher": „il aproce monsengneur saint Jake (V1) – il aprocierent **de** monseignor saint Jakeme (V2)". Auf der folgenden Seite heißt es: „et aprocierent **de** la forest (V1) – et il aprochierent la forest (V2)". Beispiele zur reflexiven Konstruktion sind: „Il pensa de…(V1) – Il **s**'apensa de…(V2)", „Li cartriers **s**'en rala a la carte (V1) – Li carteriers en ala querre…(V2)", „si s'en partirent (V1) – si s'en alerent (V2)", „La dame atourna son afaire (V2) – et ele s'atorne (V1)", „Il **s**'en tornerent triste (V2) – et a l'ains qu'il puerent retornerent (V1)", "il pensa (V1) – il **se** pensa (V2)". Zur Objektkonstruktion sei noch angeführt: "et douta du pecié (V1) – et douta le pechié (V2)". Aus diesen wenigen Beispielen soll und kann vielleicht keine „syntaktische Tendenz" abgelesen werden. Sie sollen nur vor Formulierungen wie „Der Autor musste in diesem Falle jene Konstruktion anwenden" und damit vor Überinterpretationen warnen. Wenn **ein** Prinzip des „Klassischen" die Selektion, Beschränkung und Reglementierung ist, so trifft dies für die lateinische und die französische Klassik zu. Von beiden gleich weit entfernt sind aber die oben zitierten Texte des Altfranzösischen.

3) Hätte an dieser Stelle im Lateinischen ein Deponens gestanden? Untersuchung dreier Verben

Da wir im Rolands- und im Alexiuslied[79] kaum Beispiele gefunden haben, die auf alte Deponentien zurückgehen und deren Sinn behalten haben[80], werden wir hier nur anhand dreier Beispiele die Schwierigkeit der Abgrenzung der Genera im Altfranzösischen deutlich machen. Dazu vergleichen wir die Interpretationen der Linguisten, ohne aber zu entscheiden, ob im jeweiligen Fall im Lateinischen ein Deponens hätte verwendet werden können:

I. Al. 578 „En sus s'en traient, si alasc(h)et la presse." Babin[81] bemerkt dazu, es läge eine Zustandsveränderung mit einer gewissen Dauer vor. Er übersetzt den Ausdruck mit „geringer" bzw. „schwächer werden". Solche Konstruktionen stehen im Alt- und Mittelfranzösischen nach Babin meist ohne „se". Er zählt diese Wendung zu den „medialen Verben der Zustandsveränderung in ihren Erscheinungsformen in Verbindung mit Sachsubjekt." Reichenkron[82] rechnet die zitierte Stelle zum „Eigentlichen Medium". – Al. 496 f. „Tant i plurat e le pedre la medre / E la pulcele que tuz s'en alasserent." Hierzu schreibt Babin[83]: „1. Rein medial: … wurden müde. 2. Reflexiv: …machten sich müde.

---

[79] Das altfranzösische Rolandslied, hrsg. von Gerhard Rohlfs, Tübingen 1960. Sankt Alexius, hrsg. von Gerhard Rohlfs, Tübingen 1963. Wir zitieren mit der Abkürzung Al. und Ro. die jeweiligen Verse.
[80] „se recorder", Al. 546. Dagegen finden wir in der Karlsreise z.B. „demener, demourer, departir, iraistre, mentir, morir, naistre, oser, preier".
[81] Babin, Medium, 49
[82] Reichenkron, Medium, 60
[83] Babin, Medium, 19

Hierbei kann man jedoch schwanken, denn man wird nicht annehmen, dass sie es wollen. Sie unterliegen einem inneren Zwang, sind also – die sprachlichen Mittel sind mangelhaft – zu gleicher Zeit schuld und nicht schuld an der Ermüdung."

II.   Al. 265 „Ne s'en corucet net il nes en apelet." Reichenkron[84] führt dieses Beispiel unter „Verben der Affektes in medialer Funktion" an. Hatcher[85] sagt, die „soi"-Konstruktion sei im Altfranzösischen die normale für emotionale Verben, so wie die mediopassive es einst für das Latein war. Ein „soi delitier" stelle demnach die gerade Entwicklung von „delectari" dar. – Al. 268 bietet die zitierte Form erneut.

III.   Ro. 2035 „Ainz que Rollant se seit aperceüt,..." Hatcher[86] findet nur 17 Formen vom Typ „levez s'est" im Rolandslied. Speziell zur vorliegenden Wendung sagt sie, Roland erkenne sich selbst, d.h. seine Situation. Situation und eigenes Wesen seien identisch und im „soi" enthalten: „In old French one's self and one's situation were interchangeable concepts." Reichenkron[87] zählt das vorliegende Beispiel zu den „psychischen Vertretern des Mediums", die nahe an der Grenze zum „eigentlichen Medium" zu liegen schienen. Norberg[88] vergleicht diese Form mit der bei Tobler, II 65, zitierten und stellt fest, dass die Perfektbildung des reflexiven Verbs auf eine „schon im Spätlatein vorhandene Tendenz" zurückgeht, die sich in Konstruktionen wie „se fuerunt sociati" ausdrücke[89].

4) Das Nachleben einer syntaktischen Bedeutungsnuance ?

a) Umgangssprachliches interesse-„se" und Neigung zum medialen Ausdruck im Argot

Die vulgärlateinischen Ausdrücke waren als Neuschöpfungen oft kraftvoller als die bereits bestehenden Deponentien, so dass sie die Romania übernommen hat. Dazu gehören vor allem die Darstellungen der starken Subjektbezogenheit, wie sie die Verben des Genießens, Essens und Trinkens wiedergeben, die deponial, in Verbindung mit „se" oder „sibi" benutzt werden konnten, wie wir oben gesehen haben. Wie beliebt der dativus ethicus in diesem Zusammenhang und die Reflexiv-konstruktion im allgemeinen in der Volkssprache sind und waren, wird deutlich, wenn wir uns in einem Argot-Wörterbuch Ausdrücke für ein mehr oder weniger diskretes Verschwinden, für ein zur Medialität neigendes „filer à l'anglaise" ansehen. Wir finden unter

---

[84] Reichenkron, Medium, 50
[85] Hatcher, Verbs, 94 ff.
[86] dies., Verbs, 136 f., 78 f.
[87] Reichenkron, Medium, 51 ff.
[88] Norberg, Forschungen, 167
[89] Es muss noch zur Verdeutlichung gesagt werden, dass Hatchers Hauptunterscheidung auf formalen, morphologischen Gesichtspunkten basiert. Als gesonderte Kategorien kennt sie nur Verben der Bewegung und des Affekts („emotion"), behält aber auch hier generell den Oberbegriff „Reflexive Verbs" bei.

„AIR (En jouer un air)": „Se sauver. Nombreux synonymes:...Se barrer, se la briser, se carapater, se casser, se cavaler, se criquer, se débiner, se dévisser, se donner de l'air, se droper,
s'esbigner, se faire l'adja, se faire la paire, se faire la malle, se tailler, se tirer, se trisser, se
trotter"[90]. Wir können noch "se tracer", „se décamper", „se déguerpir" und „s'éclipser" hinzufügen. Hier scheint ein mediales Deponens weiterzuleben bzw. täglich neu gebildet zu werden.

Von besonderer Bedeutung sind Verben, die von Nominalstämmen abgeleitet wurden. Im nachklassischen Latein waren dies fast ausschließlich Deponentien[91]. Das erklärt sich dadurch, dass
das Subjekt dieser Verben die Handlung eher auf sich als auf ein Objekt bezog. Beispiele wie
„poetor (poeta)", „ancillor (ancilla)" und „graecor (Graecus)" können dies verdeutlichen. Da
solche Verben alle eine Wesensnachahmung darstellen, bildet diese Gruppe innerhalb der Deponentien eine gewisse Einheit. Sie hat sich im Neufranzösischen in intransitiven Verben oder
in populären Ausdrücken wie „faire le..." erhalten.

**b) Das Diminutiv „-ul[l]us" und die Bildung subjektbezogener Verben als Ersatz einer
adverbialen Bestimmung**

Leo Spitzer hat den Zusammenhang zwischen „sol, soliculum" und „soliculari"[92] aufgeklärt
und gezeigt, dass das an ein Diminutiv[93] angehängte „-(icul)ari" ein Ersatz für eine adverbiale
Bestimmung sein kann: „ein wenig in der Sonne liegen". Auch hier liegen wieder Nominalab-
leitungen vor, die mit den bei Hatcher erwähnten verglichen werden können. So wie die ame-
rikanische Romanistin und Spitzer-Schülerin ein „vulpinor" (den Fuchs spielen, wie ein Fuchs
sein[94]) anführt, geben wir den Zusammenhang zwischen „rana" (Frosch) und „grenouiller" wieder. Von „rana" ist das Diminutiv „ranicula" gebildet worden, zu dem als Verb kein *"ranicu-
lare", sondern ein Deponens *"raniculari" gehört haben dürfte. Diese von uns angesetzte Form,
die zu „grenouiller" geführt hat, ist zwar nicht belegt, lässt sich aber aus Analogie problemlos
vertreten. Auch an Deponentien wie „naviculari" zeigt sich, dass sich das Diminutivsuffix semantisch auf das davon abgeleitete Verb ausdehnen kann. Die Verkleinerung des Nomens wird
zur Intensitätsverringerung des Verbs: „ein wenig in der Sonne liegen", „mit dem Schiff (nicht

---

[90] L'Argot moderne, hrsg. von Géo Sandry und Marcel Carrère, Paris 1951, 12. – Bemerkungen zu den
subjektbezogenen Deponentien und aktiven Verben des Essens usw. machen Reichenkron, Medium,
11 und 24; Stolz-Schmalz, Grammatik, 543; Gamillscheg, Syntax, 339. Nyrop, Grammaire, 191 ff. behauptet, das expletive „se" sei fakultativ. Vgl. Hatcher, Verbs, 166.
[91] Hatcher, Verbs, 20 ff., führt mehr als 50 solcher Fälle an. Zur Besonderheit der Nominalableitung
siehe ebd., 165; Gamillscheg, Syntax, 335; Reichenkron, Medium, 10.
[92] Spitzer, Soleil, 400 ff.
[93] vgl. Bengt Hasselrot, Etudes sur la formation diminutive dans les langues romanes, Uppsala 1957. Er
untersucht hauptsächlich Diminutivformen auf „-tt-" und bietet statistische Übersichten, beschränkt sich
aber nicht nur auf die Romania.
[94] Spitzer, Soleil, 403, Anm. 5.

unbedingt mit einem „kleinen" Schiff) fahren", „den Frosch spielen" usw. Das Deponens drückt eine vorübergehende Eigenschaft aus. Im Neufranzösischen haben, sofern die Begriffe erhalten sind, intransitive Verben diese Funktion übernommen: „grenouiller". Wo das Deponens eher reziproken Sinn hatte wie in „osculari" („os, osculum, osculari"), da wäre im Nfrz. die Reflexivkonstruktion eingetreten, wenn das Verb nicht einen Ersatz gefunden hätte: „s'embrasser". Ein anderes, stark subjektbezogenes Verb ist „(se) soûler". Da dieses Verb zu der genannten Kategorie des Genießens zählt, mag es das expletive „se" wie bei diesen Verben bereits im Spätlatein erhalten haben. Das Verb wird nicht von einem Nomen, sondern vom Adjektiv „satur" hergeleitet, das selbst wieder mit dem geläufigeren „satis" verwandt ist. „satur" hat ein Diminutiv „satullus" gebildet, von dem sich „saoul" (bzw. „soûl") leicht erklären lässt. Für das Verb „soûler" können wir ein *"satullare" zugrunde legen, für die entsprechende reflexive Form entweder ein *"se satullare" oder wiederum ein Deponens (*"satullari"), das aber wohl eine schwächere Aktivität ausdrückt[95].

So finden sich noch eine ganze Reihe vergleichbarer Verben, deren Formen hier nur kurz angeführt werden sollen: „falx, falcicula (kurzes i), falcicula (langes i), faucille[96]; vitis, viticula (kurzes zweites i), viticula (langes zweites i), vrille[97]; cratis, craticula, grille[98]; clavus (clavis ?), clavicula, cheville[99]". Diese Verben drücken im Gegensatz zu den oben aufgeführten eine starke Objektbezogenheit aus, während sich „beugler" auf die Nachahmung des Ochsen bezieht und so die Handlung eher als subjektbezogen angesehen werden kann[100]. Neben „bouger"[101] wollen wir noch zwei Ableitungen von „caput" erwähnen: Die eine führt über „capitulum" zu „chapitrer"; die andere – von „capitellum" – zu „chapiteau"; „capitulare" ist erst eine mittellateinische Bildung und kann hier unberücksichtigt bleiben. Mit „chapitrer" (abkanzeln) liegt wieder ein objektbezogenes Verb vor, wenn es auch im Gegensatz zu „jdm. die Leviten lesen" eine Nominalableitung ist. Es ist aber schwer zu entscheiden, ob hier eine deponentiale Vorstellung im Hintergrund gesehen werden kann bzw. ob eine adverbiale Bestimmung durch eine diminutive und verbale Bildung ersetzt wird, so wie wir es im Anschluss an Hatcher bei anderen

---

[95] vgl. EWFS, 811; REW 7620 ff.; EWFS, 487; REW 7045/46; zu „rana, ranula" und „satullus" siehe Reina Hakamies, Etude sur l'origine et l'évolution du diminutif latin et sa survie dans les langues romanes, Helsinki 1951, 113, 125
[96] Nyrop, Grammaire, 133; REW 3156
[97] ders., Grammaire, 133; REW 9392
[98] REW 2304
[99] REW 1979; Nyrop, Grammaire, 133
[100] FEW, 103, zeigt, dass wir nicht ein „buculus, buculari" ansetzen können, sondern auf die Abhängigkeit des „bugle(r)" von „buculus" zurückgreifen müssen.
[101] von „bullicare", REW 1388. Hierbei handelt es sich nicht um ein „-ul[l]us"-Suffix, das ja Teil der Wurzel von „bulla" ist, sondern um eine „-icare"-Bildung, die sich in vielen, ehemals nicht zur a-Konjugation gehörenden Verben findet.

Beispielen gezeigt haben. Es ist nicht ausgeschlossen, dass die sich hier abzeichnende Gruppierung in objekt- und subjektbezogene Verben – wie wir sie bisher vereinfachend bezeichnet haben – mit der Aufteilung der Verben in solche mit innerem und andere mit äußerem Objekt[102] vergleichen lässt.

Da die meisten Beispiele der amerikanischen Forscherin im Französischen nicht weiterleben und da das von uns gefundene Material keine einheitliche Interpretation zulässt, können wir nur in bescheidenem Maße den Ersatz einer adverbialen Bestimmung durch Deponentien feststellen, die von „ul[l]us"-Formen abgeleitet sind. Bei diesen subjektbezogenen, ehemaligen Deponentien zeigt das heutige Französisch freilich das Nachleben einer syntaktischen Bedeutungsnuance: „somnium[103], somniculum, somniculari > sommeiller".

---

[102] Ein Verb mit innerem Objekt ist z.B. „ein Lied singen", mit äußerem Objekt „den Eimer mit Wasser füllen". Im ersten Fall entsteht das Objekt mit der Tätigkeit des Subjekts, im zweiten bildet es seine Voraussetzung. Vgl. Meyer-Lübke, Syntax III, § 340 ff.

[103] Eine Abhandlung über „Somnium und verwandte Wörter in den romanischen Sprachen" liegt von Fritz Schalk vor, Köln und Opladen 1955. – Die uns hier interessierenden sprachwissenschaftlichen Fragen schneidet Spitzer, Soleil, 401 f. an. Er vergleicht „somniculari" mit „soliculari".

C) Schluss: Das lateinische Deponens in der Romania

Das lateinische Deponens…

- konnte untergehen („osculari");
- ist als aktives Verb mit derselben Bedeutung erhalten geblieben („precari");
- hat eine Bedeutungsveränderung durchgemacht („minari", „tueri");
- wurde durch Suffix- bzw. Präfixhinzufügungen oder durch Partizipial- oder Nominal-ableitung neu gebildet oder verändert übernommen („uti, utere, usus, usare"; „audere, ausus, ausare, oser"; „metiri, mensus, mensura, mensurare, mesurer"; „oblivisci, oblitus, oblitare, oublier";
- erscheint als Pronominalverb wieder, und zwar mit reziprokem („copulari, se copuler"), reflexivem („se laver"), medialem („[de]leitarse" und „se réjouir" übernehmen die Funktion von „laetari") und passivem Sinn; häufig tritt das Ortsadverb „en" hinzu: „s'en aller";
- hat zusammen mit dem Passiv im allgemeinen und den synthetischen Formen im be-sonderen einer Reihe analytischer oder sonstiger Ersatzkonstruktionen persönlicher o-der neutraler Art weichen müssen: „pueri lavantur > pueri se lavant, les garçons se la-vent, ..sont en train de se laver, ..sont lavés par…, on lave les garçons";
- ist über „se"- und „sibi"-Konstruktionen des Spätlatein zusammen mit nicht-deponenti-alen Verben zum Pronominalverb geworden;
- kann die verschiedensten Objekt- bzw. Präpositionalausdrücke bei sich haben („lamen-tar" und „deplorar" sind transitiv, „quejarse de / a" übernimmt in etwa die Konstruktion von „misereri");
- bildet im Nfrz. keine geschlossene Gruppe mehr, die es in altlateinischer Zeit in medi-aler bzw. reflexiver Bedeutung einmal gewesen sein mag. Der Beginn des Auflösungs-prozesses des Deponens liegt vielmehr schon in der klassisch-lateinischen Periode, als viele Deponentien, besonders der a-Konjugation, objektiviert (d.h. transitiv) und faktitiv wurden. Sie traten aus ihrer absoluten Subjektbezogenzeit heraus. Als „laetor", ‚Freude kommt über mich, ist in mir', zu ‚ich freue mich' wurde, konnte es ein Objekt zu sich nehmen. Damit unterschied es sich für Jahrhunderte bloß noch morphologisch von den meisten anderen Verben. – Wenn es nachzuweisen gilt, wie sehr solche Verben der in-neren Anteilnahme, des Interesses, des Affektes, der Bewegung, der Subjektbezogen-heit überhaupt noch als einmal mögliche gewesene Einheit nachleben, kann der Romanist

dies am besten von der „voix pronominale" bzw. den reflexiven Verben des Nfrz. aus leisten. Dies kann aber hier in diesem Rahmen nicht mehr geschehen;[104]

- steht neben zwei seiner romanischen Nachfolger und Nachfolgekonstruktionen in unseren letzten Beispielen, die in drei Sprachen denselben Sachverhalt durch drei verschiedene Verben und Konstruktionen ausdrücken und dabei versuchen, das Subjekt des Satzes so vage und offen wie möglich zu lassen. Wie weit kommt dabei im Einzelfall eine reziproke Idee zur Geltung? Warum können die beiden romanischen Formen nicht ins Passiv überführt werden? Welchen Kasus hat „español"? Wie erklärt man, dass es **ein** Verb („dicere, dire, decir") für „sagen", aber **drei** für „sprechen" gibt? Das sind nur einige der Fragen, die sich bei einem Vergleich der Sätze „latine loquitur" – „on parle français" – „se habla español"[105] ergeben.

---

[104] Dafür verweisen wir auf Stéfaninis und Hatchers Arbeiten.

[105] vergleiche den Aufsatz Kontzis über die italienische Reflexivkonstruktion. Dort stellt er eine Reihe von Kriterien auf, wann „si" ein Passiv und wann es das Pendant zu „man" ist. – Contreras, Significados, 305 f., unterscheidet ein „se"-pasivo und ein „se"-indeterminativo.
Für die strukturalistische Sprachwissenschaft, die in dieser Arbeit nicht berücksichtigt worden ist, stellt das „se" ein Morphem dar. „Das ‚on' in ‚on dit', das ‚se' in ‚le livre se vend', das ‚est' in ‚il est battu' sind die Nachfolgemorpheme des lateinischen „-tur" und keine Pronomina oder Hilfsverben." Mit dieser undifferenzierten Aussage, die die Dualität von Funktions- und Bedeutungsträger zur Grundlage hat, scheint uns Wolfgang Rothe, Strukturale Sprachwissenschaft und historische Grammatik, ZRPh 82 (1966), 594, keine tiefere Erkenntnis in die niedergelegte Problematik zu vermitteln. Interessanter ist sein Schlusswort – ebd., 596 – über die Forderung nach einer Behandlung der romanischen Grammatik von der strukturalen Sprachwissenschaft aus: „Das Prinzip der Einheitlichkeit im Aufbau der Historischen Grammatiken verschiedener Sprachen braucht darunter nicht unbedingt zu leiden. Nur wird man beispielshalber bei den romanischen Sprachen als Klammer dieser Einheitlichkeit nicht mehr die lateinischen Paradigmen und Formenklassen ansehen dürfen, sondern hier die Funktion der Formen, ihren Informationsgehalt, ihr Verhältnis zu den jeweiligen außereinzelsprachlichen Kategorien zugrunde legen müssen."

D) Nachträge

(I.) Weitere Literatur

Nach Fertigstellung der Arbeit wurde weitere Literatur eingesehen:

1) Jean Dubois, Grammaire structurale du Français: Le Verbe, Paris 1967.

2) Lucien Tesnière, Eléments de sytaxe structurale, Paris 1959 (Livre D: „Valence").

3) Eugen Herzog, Das "-to-"Partizip im Altfranzösischen, in: Prinzipienfragen der romanischen Sprachwissenschaft. Wilhelm Meyer-Lübke zum 50. Lebensjahr, 1. Teil Halle 1910, 26. Beiheft der ZRPh.

4) Friedrich Hanssen, Das spanische Passiv, RF 29 (1911), S. 764 ff.

5) H. Yvon, Y a-t-il un présent passif en français? in: Mélanges de philologie offerts à Ferdinand Brunot, Paris 1904, S. 351 ff.

6) Im Anschluss an Anm. 105 dieses Referats soll verwiesen werden auf René Chatton, Zur Geschichte der romanischen Verben für „sprechen", „sagen" und „reden", Bern 1953, Romania Helvetica Bd. 44.

Zum „doco-loquor"-Streit sind außerdem heranzuziehen: Stéfanini, Voix…, S. 182; Hatcher, Verbs…, S. 15 f. und Tesnière, Eléments.., S. 275.

(II.) Hauptpunkte aus der Gamillscheg-Hatcher-Diskussion

Im folgenden sollen die Hauptpunkte aus der Gamillscheg-Hatcher-Diskussion und aus der im vorliegenden Nachtrag unter (A) 1-4 aufgeführten Literatur (Dubois, Tesnière, Herzog, Hanssen) referiert werden:

1) Zur Hatcher-Gamillscheg-Kontroverse:

Am Beispiel „s'apercoivre" (vgl. Kapitel B III,3) versucht Gamillscheg, die Lücken der drei Grundtypen von reflexiven Verben im System von Frau Hatcher darzulegen. Nach Gamillscheg ist „apercoivre" zunächst transitiv, kann dann aber auch absolut gebraucht werden. Zu diesem nunmehr intransitiv gebrauchten „apercoivre" (etwas merken) tritt nun „soi" („sibi", nicht „se"!): „für sich etwas merken"; „apercoivre" (etwas merken) wird „wahrnehmen"; „apercoivre" kann also ebenso das Reflexiv des „beschaulichen Verweilens" zu sich nehmen wie „soi conoistre", „soi porpenser" und andere Verben der sinnlichen Wahrnehmung, wobei es ganz gleichgültig ist, ob sie ursprünglich transitiv-objektiv oder intransitiv sind.

Gamillscheg streitet dann weiter ab, dass „**se** taire" Ausdruck eines Willensaktes sei. Dass dieses Reflexiv in Verbindung mit intransitiven Verben nichts mit Willensakten zu tun hat, zeigt z.B. „se mourir". Hier soll vielmehr ein duratives Element betont werden. Frau Hatcher entgegnet darauf, ein intransitives altfranzösisches „aperçoivre" sei unbelegt. Außerdem beweist die Präposition „de" nach „s'aperçoivre" den Akkusativ-Charakter von „se". Hätten wir es mit *"sibi appercipere" zu tun, würden wir ein *"aperçoivre qch.", nicht ein „...de qch." erwarten. Die Konstruktion „se" + Verb + direktes Objekt (die nach Frau Hatcher allein die Dativfunktion von „se" zweifelsfrei beweisen könnte) ist im Altfranzösischen so gut wie unbekannt. Kein „se demander", „se procurer qch.", „s'arroger un droit" ist im Altfranzösischen auszumachen.

Auch für Verben wie „s'en aller", „s'issir" und „s'en retourner" vertritt sie die Auffassung, das Pronomen sei ein alter Akkusativ. Sie fand bereits im klassischen Latein ein „se" auch bei Intransitiven, die eine plötzliche oder heftige Bewegung ausdrücken. Wie es also „se praecipitare", „se iacere" und „se rapere" gab, wo wurden „se erumpere", „se prorumpere" und „se proruere" gebildet. In beiden Sprachen ist das „se" ein Zeichen für den ingressiven Aspekt. Das Altfranzösische stellt ganz systematisch die Konstruktionen mit und ohne „se" einander gegenüber, um den Gegensatz zwischen ingressiver („s'en aler" = aufbrechen) und durativer Darstellung („aler" = sich in Bewegung befinden) oder auch „aler" (irgendwohin gehen) auszudrücken. Dass dies falsch ist, haben wir im Referat gezeigt. Dass Frau Hatcher andererseits recht hat, wenn sie Gamillscheg und Reichenkron kritisiert, für die „s'en aler" einem „sibi ambulare" gleichkommen soll, ist nachdrücklich hervorzuheben. Schließlich scheint es um die Abgrenzung eines handlungsfähigen von einem Sachsubjekt zu gehen, wenn Frau Hatcher feststellt: Ebenso (wie der Gegensatz ingressiv [s'en aler] und nicht ingressiv [se criembre]) muss man im Nfrz., will man den Unterschied zwischen Reflexiv und Intransitiv feststellen, das Paar „noircir, se noircir" von dem Paar „avancer, s'avancer" trennen: Nur im ersten Fall handelt es sich um den Unterschied zwischen natürlich und bewerkstelligt, d.h. künstlich hervorgebracht (mediopassive Vorstellung).

Gamillschegs Nachwort beschäftigt sich zuerst mit „s'aperçoivre". Er greift Frau Hatchers Akkusativ-These an und erläutert seine Deutung in der Rezension bzw. schränkt sie ein: Das Reflexiv in den medial-reflexiven Verben wie „s'apercevoir" ist aber doch überhaupt kein Objekt. Verbum und Reflexivum sind eine Vorstellungs-einheit, die nur sprachlich durch zwei Elemente ausgedrückt wird. Eine begriffliche Analyse des Reflexivs in Verbindung wie „s'apercevoir" oder „se souvenir" ist ebenso wenig möglich wie bei reinen medialen Vorstellungen wie „s'évaporer" u.a. Wenn ich – so fährt Gamillscheg fort – also sage, dass das Reflexiv im altfranzösischen „soi porpenser" <u>ursprünglich</u> ein Dativ ist (was Frau Hatcher bestreitet), dann sage ich nicht, dass dieses „soi" pronominal, also ein Nomen vertretend, ein Dativobjekt darstellt. Es ist ja dativus ethicus, der nie und nimmer eine Objektfunktion erfüllt hat. Gamillscheg weist auf Reichenkron (Passivum, S. 26) hin, wo Verben ohne Aktivität in Verbindung mit „sibi" behandelt werden: „sibi nasci", „sibi sanari". Auch bei Verben mit Aktivität wie den Verben des Genießens, des Fürchtens und den Verben der Bewegung tritt der gleiche Dativ auf: „sibi congaudere > soi conjoir". Ein „soi doter" entspricht einem „sibi timere". Aber: „delectari > se delectare"! „Sibi" und „se" treten also in Konkurrenz, werden aber beide zu „soi".

Als vorletzten Punkt behauptet Gamillscheg, „erumpere", „prorumpere" und „procuere" seien transitiv. „Se erumpere" steht also als Ersatzform für „erumpi" auf einer Stufe mit „se delectare" (für „delectari") und mit „se movere" (für „moveri"). Nun zeigt ein Blick in ein lateinisches Wörterbuch, dass Gamillscheg zumindest für „erumpere" recht hat: „portis se foras erumpere" (herausstürzen). Dass er diese Form aber bestenfalls mit „se movere", kaum aber mit „se delectare" vergleichen kann, scheint uns deshalb der Fall zu sein, weil nur die letztere eine echte Reflexivität ausdrückt bzw. ausdrücken kann. Man könnte hier mit Toblers Rückschrittstheorie (Beiträge, II, 75) oder Tesnières Kategorien „rezessiv" und „reflexiv" operieren. Zuletzt behauptet Gamillscheg, die These von Frau Hatcher, dass das Reflexiv ingressiv sei („s'en aler") und die nicht-reflexive Form durativ („aler"), sei unbegründet. Das Ingressive in der Verbindung „s'en aler" liegt nicht im Reflexiv, sondern in dem Ortsadverb „en". Das Reflexiv hat keine andere Funktion als in „soi morir" und „soi ester" usw. Und umgekehrt kann auch „aler" – absolut gebraucht – ohne weiteres einen ingressiven Aspekt haben.

2) Zu Dubois' strukturaler Grammatik

Wie wir schon in der letzten Anmerkung unseres Referates angedeutet haben, ist von der modernen Sprachwissenschaft her das Problem der reflexiven Verben als Nachfolgekonstruktion deponentialer, medialer oder ähnlicher Verben nur schwer zu fassen. Dies sehen wir auch nach dem Studium der wohl jüngsten synchronischen Transformationsgrammatik bestätigt. Mit der Feststellung der „équivalence" zwischen „La branche casse" und „La branche se casse" bzw. „La ficelle est cassée" und „La ficelle s'est cassée" ist, ohne über die Gleichwertigkeit dieser Formen diskutiert zu haben, nicht viel gewonnen (vgl. weitere Beispiele dieser Art bei Dubois S. 114f. und S. 122). Wenn zu Verben, die nur in pronominaler Form vorkommen, außer „s'évanouir" und „se repentir" auch „se lever" gezählt wird, dann liegt offensichtlich ein Fehler vor. Vorsichtiger drückt sich Dubois S. 126 aus, wo er von Verben spricht, die „presque exclusivement" in der passiv-pronominalen Form vorkommen. Er zählt dazu neben „s'adonner" und „s'absenter" auch „s'ébâtardir", ein aber auch transitiv nachweisbares Verb. Diese besondere Behandlung der sogenannten „verbes essentiellement pronominaux" wird uns noch am Schluß der Nachträge beschäftigen.

Erwähnt werden soll noch das etwas zweifelhafte Unterfangen, Formen wie „il est venu, monté, allé, sorti" usw. wie folgt zu bezeichnen: „des verbes dits intransitifs (en réalité passifs)" (Dubois, S. 83f.). Deshalb erinnern wir hier noch einmal daran, dass Guillaume gerade diese Verben als Deponentien bezeichnete, ein nicht gerade origineller Einfall, zeigt doch Stéfanini, Voix S. 81, dass dies schon im 18. Jahrhundert so gesehen wurde. Einzig auf Dubois' Aspektlehre könnte man noch eingehen. Als eine Art Regel stellt er S. 178ff. auf: „…. L'opposition accompli / non-accompli peut être…employée sans référence du temps…": „J'aurai fini dans cinq minutes – j'ai fini dans cinq minutes".

3) Zu Tesnières strukturaler Syntax

Auch hier erlaubt uns der Rahmen unserer Untersuchung nicht mehr als ein Hineinlesen in die Syntax anhand des Kapitels über die Valenz. Die für unseren Zusammenhang wichtigsten Begriffe sind die Reflexivität und das Gegensatzpaar von rezessiver und faktitiver Diathese: Diese erhöht durch Hinzufügen eines „faire" oder „rendre", jene vermindert mithilfe des Reflexivpronomens die Wertigkeit („Valenz") um jeweils eine Einheit.

Eine Hauptschwierigkeit im Verständnis des Valenz-Kapitels besteht für uns darin, keinen einheitlichen Gebrauch von „reflexiv" konstatieren zu können. Während Tesnière zu Beginn dieses vierten Buches „reflexiv" wie wir zu verstehen scheint, wenn wir diesen Begriff von „pronominal" so absetzen, dass ersterer eine Untergruppe der letzteren bildet (eine Handlung in Bezug auf sich, die man auch auf einen anderen ausführen könnte: „se tuer", „se mirer", „se regarder" als Beispiele dafür bei Tesnière); und während der Strukturalist S. 273 „se lever" als nicht-reflexiv, sondern als rezessiv bezeichnet, bilden auf der nächsten Seite aber die reflexiven Verben für ihn keine Untergruppe der pronominalen mehr, sondern sind mit ihnen identisch: „….les verbes dits accidentellement réfléchis ou pronominaux…". Wenn er S. 245 als Reflexivität die Identität von „prime" und „second actant" bezeichnet, hat er dann echt reflexive Verben wie „(se) tuer" oder rezessive, also pronominale überhaupt wie „(se) lever" im Auge? Dass z.B. dreiwertige Verben des Sagens und Gebens durch ein „se" zweiwertig werden, ist im Zusammenhang noch im letzten Abschnitt dieser Nachträge zu berücksichtigen. Dort werden auch zwei der Beispiele, die sich bei Tesnière S. 255 finden, untersucht: „s'adonner à" und „se fier à".

Es scheint uns oft so auszusehen, als ob Tesnière hier nur reflexives bzw. pronominales und daneben rezessives „se" unterscheidet. Wo aber „se" keine reflexive Funktion stricto sensu hat und auch nicht rezessiv ist, findet Tesnière keine neue Kategorie. Er erfasst den Unterschied „Madame meurt" und „Madame **se** meurt", „attaquer qn." und „s'attaquer à qn." zwar anhand eines Beispiels (S. 278), nicht aber systematisch. Das Valenz-Kapitel schließt Tesnière mit der Feststellung: „Si bien que l'emploi simultané du causatif (bzw. der faktitiven Diathese) et de la forme pronominale (récessif ou réfléchi) est toujours scabreuse." Meint er nun doch mit „réfléchi" die Reflexivität stricto sensu als Teil der pronominalen Funktion?

4) Zu Herzogs –to-Partizip

Herzog stellt S. 124 für das Deponens eine latente Neigung zur Annahme der aktiven Flexion fest. Er gibt die gleichen Gründe für die Analytisierung an, von denen wir im Referat bereits gesprochen haben. Auf S. 125 zeigt der die Schwierigkeit, dass man kaum entscheiden kann, wo die primären und die sekundären Ursachen für diesen Prozess liegen. Zu der sich im Spät-latein breit machenden Form „terra se movet" sagt er, nicht das leblose Objekt ist so behandelt worden, als ob es eine eigene Initiative und einen eigenen Willen entfalte, sondern man hat im Gegenteil in Fällen, wo dies ursprünglich so war („bestia se movet"), die eigene Initiative und die eigene Tat nicht mehr herausgespürt. Nun war die analoge Übertragung auf leblose Gegen-stände von selbst gegeben. Auch hier wäre nachzuprüfen, ob Herzogs These oder die von den meisten Forschern vertretene zutrifft. Vielleicht ließe sich aber auch sagen, dass beide Prozesse – der alte abklingende wie der neu aufkommende – ineinander griffen. - Auf den folgenden Seiten (S. 127 ff.) zeigt Herzog die Bedeutung des -to-Partizips für den Vorgang der Analyti-sierung. Dass –to-Partizip ist durch die ihm innewohnende Bedeutung häufig deutlicher passiv als die sogenannten passiven Formen selbst. Ob man freilich mit Herzog sagen kann, die Spra-che hörte überhaupt auf, passiv zu denken (S. 128), ist fraglich.

Im Kapitel über die Folgen des Aufgebens der Passivflexion bei Deponentien macht Herzog die bereits dargelegten Beobachtungen über das Schwanken zwischen aktiver und passiver Form. Für Gallien sollen im 6. Jahrhundert die Passivformen aus der Volkssprache „geschwun-den" sein. In „Das Verbaladjektiv im Romanischen" spricht Herzog von einer neuen syntheti-schen Perfektform (heutiges passé simple zum lateinischen Deponens „mentiri"). – Wichtig wird sein Kapitel über das „–to-Partizip und esse" im Romanischen (S. 135 ff.). Diese Kon-struktion kennt drei Gebrauchsweisen: **1.** als Perfekt von intransitiven Verben, **2.** als Perfekt von reflexiven Verben, **3.** als Passiv. In der **ersten** Form hat die Konstruktion eine dreifache Wurzel im Latein: a) Die Deponentien, die mit der Zeit aktive Flexion annehmen, behielten ihre zusammengesetzte Form bei: „mortus…, consecutus sum". b) Bei den Zeitwörtern, die eine Art Passiv einfach durch den intransitiven Gebrauch des Aktivs ausdrückten, konnte die Konstruk-tion als das regelrechte Perfekt zum aktiven Verb treten. Schon im Lateinischen konnte z.B.

„terra mota est" als Perfekt zu „terra movet" fungieren. Hierher gehört der größte Teil der Verben, die im Altromanischen gleichzeitig transitiv und intransitiv vorkommen (S. 137). c) Einige to-Adjektive mit aktivem Sinn, die sich ins Romanische „fortgepflanzt" haben, finden dort Aufnahme in der Verbalflexion (wie in der lateinischen Zeit „fisus", „solitus", "gavisus" und „ausus" dort auch Aufnahme gefunden haben): „cretus – creuz sui". 2. als Perfekt reflexiver Verben: „levatur", zu dem lateinisch „levatus est" in eine syntaktische Verbindung getreten war, wird nicht nur durch „levat", sondern auch durch „levat <u>se</u>" ersetzt (S. 141). 3. als Passiv: Dabei ist der Unterschied von durativ und perfektiv zu beachten: „amatur – amatus est". Die erste Form entspricht einem „er wird geliebt", die letzte einem „er ist geliebt". Bei durativen Verben hat die Verbindung mit „sum" streng präsentischen Sinn: „il est aimé". Herzog stellt dann abschließend fest, dass für die Formen 1 und 2 die Unterscheidung noch schwer zu treffen ist. Beide Konstruktionen sind durchweg präterital, während die dritte präsentisch ist. Formen 1 und 2 sind aktiv oder medial, Form 3 ist passivisch. Diese letztere liegt bei transitiven, Form 1 bei intransitiven Verben vor. Die ersten beiden Formen stellen perfektive Verben dar, die dritte Konstruktion hat einen durativen bzw. iterativen Aspekt (S. 151).

5) Zu Hanssens spanischem Passiv

Hanssen betont die Vermischung von Passiv und Reflexiv bereits für das Lateinische: Dort erscheint das Reflexivum oft schon ziemlich gleichwertig neben dem Deponens, der Fortsetzung des alten Mediums, z.B. „castris se effundunt" und „castris effunduntur" (S.767). Auch die Vermischung von Passiv, Reflexiv und Intransitiv lässt sich schon im klassischen Latein beobachten: „praecipitari", „se praecipitare" und „praecipitare" sind Synonyma. Dass diese Formen nicht unbedingt gleichwertig sind, wenn sie es auch besonders im Afrz. sein können, haben wir im Referat gezeigt. Herzog macht dann weiter die auch von Vossler und von uns (vgl. Nachträge, Teil C, 2) für das Französische beobachtete Feststellung, dass das 16. Jahrhundert den Höhepunkt der spanischen „se"-Konstruktion bildet. – Abschließend referieren wir die wichtigsten Ergebnisse der Hanssenschen Untersuchung: 1. Das Passiv floss im Vulgärlatein mit Teilen des Reflexivs und Intransitivs zu einem Medio-Passiv zusammen mit „se movet" als Präsens und *"movutus est" als Perfekt. 2. Es gibt im Altspanischen eine Strömung, die dahin geht, „es levantado", wenn es „er hat sich erhoben" bedeutet, in „<u>se</u> es levantado" zu verwandeln. Diese Entwicklung ist aber unterbrochen worden. Es trat daneben „se <u>ha</u> levantado" auf, und diese Formel setzte sich durch.

(III.) Lateinisches Deponens, neufranzösisches Reflexiv und das Nachleben einer syntaktischen Bedeutungsnuance

1) Einige ergänzende Bemerkungen zum Diminutiv „-ul[l]us", „-iculari"

Hatzfeld und Darmesteter geben in ihrem Dictionnaire Général de la Langue Française, Paris 1889, Bd. 2, G-Z (abgekürzt DG), einen Anhang, dessen dritter Abschnitt „La formation populaire" benannt ist. Dort führen sie unter „Dérivation Nominale" (S. 53 f.) eine Reihe von Bildungen mit den Suffixen „-culus" u.a. an. Diese Suffixe sind oft an Verben gehängt worden und bildeten so neue Nomina, die ihrerseits kaum die Tendenz hatten, selbst wieder durch Umbildungen von „-culus" zu „culare/i" neue Verben hervorzubringen. Deshalb haben wir im letzten Kapitel unseres Referats nur eine geringe Zahl bieten können und vermögen auch jetzt nur zwei Beispiele aus der Fülle der im DG aufgeführten Substantive anzuführen, von denen auch Verben gebräuchlich sind: „tenacula" > „tenaille,s", von dort: „tenailler"; „acucula" > „aiguille", von dort: „aiguiller". Die Nomina, die alle eine spät- bzw. vulgärlateinische Erscheinung sind – der DG gibt nur <u>ein</u> klassisch-lateinisches Beispiel, das aber nicht im Französischen erhalten ist -, bezeichnen fast ausnahmslos ein Instrument. Die beiden zitierten Verben „tenailler" und „aiguiller" bedeuten das Handhaben dieser Instrumente durch den Menschen („aiguiller"), auch im metaphorischen Bereich („tenailler"). Bei einigen der im Referat aufgeführten Verben, die übrigens auch der DG (S. 53) angibt, haben wir denselben Zusammenhang feststellen können, doch ist er kein Gesetz: „somniculum" und „soliculum" stellen kaum Instrumente dar. Auch hat sich nichts Diminutives oder Iteratives in „aiguiller" und „tenailler" erhalten. Außerdem gehören sie zu den sogenannten objektbezogenen Verben und bieten uns daher keine neuen Erkenntnisse für das Nachleben einer syntaktischen Bedeutungsnuance. Was „grésiller" betrifft, so sind sich die etymologischen Wörterbücher nicht über seine Herkunft einig (vgl. FEW, S. 486, NDE, S. 354). Interessanter ist „s'agenouiller", das – abgesehen von Reflexivpronomen und Präfix „ad"- – sich von „genus > genuculum > genou" herleitet. Für dieses subjektbezogene Verb, das bereits bei Chrétien de Troyes, wie Foerster und Breuer bezeugen, nur als reflexives Verb – eine Textvariante weist freilich absoluten (neutralen) Gebrauch auf – vorkommt, das außerdem bis heute ein verbe essentiellement pronominal geblieben ist, sind wir geneigt, ein *"ad-genuculari" bzw. *"se ad-genuculare" anzusetzen. Oder sollte man nach der Diskussion zwischen Frau Hatcher und Gamillscheg ein „sibi" zugrunde legen? Wie in einigen vorausgegangenen Abschnitten dieses Nachtrags weisen wir noch einmal darauf hin, dass im nächsten Kapitel die verbes essentiellement pronominaux (abgekürzt VEP) gesondert behandelt werden. Unter der Überschrift „Dérivation verbale" bietet der DG (S. 70 f.) weitere Beispiele, auf die hier nicht mehr eingegangen werden soll.

2) Inwiefern können die neufranzösischen VEP als Deponentien angesehen werden?

Wir haben anhand mehrerer Wörterbücher, die jeweils eine Kapazität von etwa 50.000 Artikeln bzw. Wörtern nicht überschreiten dürften (Langenscheidts Handwörterbuch; Dictionnaire Littré in der TB-Reihe 10/18; Nouveau Dictionnaire Etymologique et Historique), und einiger Grammatiken (Grevisse, Le Bon Usage; Larousse, Grammaire du Français Contemporain; Dubois, Grammaire Structurale; Klein-Strohmeyer, Französische Sprachlehre) die neufranzösisch erhaltenen VEP untersucht, weil wir diese Arbeit bisher in der Literatur noch nicht systematisch vorgefunden haben. Da wir nicht das gesamte Problem der reflexiven Verben, soweit sie auf ein lateinisches Deponens basieren können (etymologisch, semantisch, syntaktisch oder vom Aspekt her), zu behandeln imstande sind, haben wir einen ziemlich eindeutig abgrenzbaren und überschaubaren Bereich herausgegriffen, den auch Stéfanini nicht als solchen behandelt: die verbes essentiellement pronominaux, kurz VEP genannt (die verbes accidentellement pronominaux kürzen wir VAP ab).

Der Anhang zum Nachtrag lässt einige Interpretationen zu: VEP sind per definitionem Verben, die immer in Verbindung mit dem Reflexivpronomen gebraucht werden. Die VEP sind also Pronominalverben, aber keine reflexiven Verben stricto sensu, bei denen „se" nur eine besondere Möglichkeit der Objektkonstruktion ist („laver l'enfant" – „se laver"). Die VEP sind dadurch, dass sich der Handelnde immer nur auf sich beschränkt, und dadurch, dass sie – „se" und Verb als Einheit betrachtet – fast immer intransitiv sind, **die** subektbezogenen Verben par excellence. „S'arroger" kann – als einziges ? – ein Akkusativobjekt nach sich haben: „s'arroger qch.". Bei den VAP ist diese Konstruktion häufiger anzutreffen: „se procurer qch.". Mithilfe der Kategorien Tesnières können wir die VEP als Verben bezeichnen, die ein rezessives „se" bei sich haben. Dadurch vermindert sich ihre Wertigkeit bzw. (nach Gamillscheg) ihre Stoßkraft. Sie sind nie (?) dreiwertig, häufig zweiwertig, meistens einwertig: „donner" ist dreiwertig, „s'adonner à qch." ist dagegen zweiwertig. Die VEP sind aber auch nie nullwertig. Ihr Mangel an nach außen gerichteter Aktivität legt es nahe, dass sie oft deponential oder medial sein oder von den verschiedenen Aktionsarten aus behandelt werden können. Damit hängt auch zusammen, dass sie nicht ins Passiv überführt werden können.

Betrachtet man die VEP semantisch, etymologisch und syntaktisch, so kann man kaum von allen drei Kategorien aus ein Beispiel finden, das ein lateinisches Erbwort darstellt. Die VEP gehen fast immer nur hinsichtlich einer oder zwei der genannten Kategorien direkt aufs Lateinische zurück. Sie sind zwar einerseits syntaktisch in den Deponentien vorgebildet, die ein Zurückbeugen der Handlung auf den Handelnden ausdrücken, stellen aber andererseits eine eigene Leistung der französischen Sprache dar. Auch heute noch werden neue VEP gebildet.

Die ersten VEP sind seit dem Alexiuslied belegt. Dass die beiden vorausgegangenen Jahrhunderte also ohne VEP auszukommen scheinen, soll nicht zu vorschneller Folgerung Anlass geben. Die erste Blüte dieser Verben erlebte das 12. Jahrhundert. Es stellt in unserem Anhang die größte Gruppe von heute noch gebräuchlichen VEP. Dabei ist es interessant festzustellen, dass allein neun bzw. zehn der 16 bzw. 18 VEP, die Klein-Strohmeyers Schulgrammatik anführt (also wohl die gebräuchlichsten), aus dieser Zeit stammen. Umgekehrt geben dieselben Herausgeber als jüngstes VEP „se fier à" an, das seit dem 17. Jahrhundert belegt ist und verwendet wird. Auch die anderen Grammatiken stützen sich hauptsächlich auf diese Beispiele; ihr jüngstes bietet Larousse mit „s'arroger" aus dem 16. Jhdt. Auch die anderen VEP des 12. Jahrhunderts, die Klein-Strohmeyer nicht nennen, sind heute noch ziemlich gebräuchlich. Freilich finden sich unter ihnen fünf, von denen wir nicht sagen können, ob sie im 12. Jahrhundert VAP oder bereits VEP waren. Eine starke Neigung zur ausschließlichen Pronominalität zeigen zu Beginn der Bildung solcher Verben diejenigen, die mit ingressivem „in-/en"- und egressivem „ex"- gebildet sind: dies sind fast die Hälfte. Dieses Phänomen schwindet im Laufe der Jahrhunderte. Sonst kann aber kein Bildungsgesetz für die ältesten VEP erkannt werden.

Die nächste Rubrik des Anhangs fasst die Belege vom 13. bis 15. Jahrhundert zusammen. Sie sind nicht so zahlreich wie die des 12. Jahrhunderts. Semantisch ist zu beachten, dass erst dort die ersten VEP des Werdens, der Zustandsänderung – auch und gerade bei Sachsubjekten – auftreten: „s'avachir", „se grumeler" und „se ramifier". Diese Ausweitung der Konstruktion auf Sachsubjekte haben wir ja ähnlich im Spätlatein bei „se movere" und anderen beobachtet; im Zusammenhang mit dem „-to"-Partizip bei Herzog sind wir näher darauf eingegangen. Diese Ausdehnung auf das Sachsubjekt traf nicht nur auf die spätlateinische und mittelfranzösische „se"-Konstruktion zu, sondern auch auf die nachklassischen Deponentien, hat doch Wistrand als Wesensmerkmal der klassischen Deponentien ihre Personenbezogenheit herausgearbeitet. Können wir also von da die VEP nicht als eine einheitliche Gruppe betrachten, wie es für die klassisch-lateinischen Deponentien möglich ist, so ist dies für die VEP nur von der syntaktischen Seite möglich: Sie sind alle – mit einer einzigen Ausnahme – intransitiv. Das wiederum war kein Hauptkennzeichen der klassischen Deponentien.

Die zweite Blüte der VEP können wir für das 16. Jahrhundert konstatieren. Damit bestätigt sich Vosslers Interpretation, der sogar mit einer gewissen Berechtigung vom „Höhepunkt" der reflexiven Konstruktion in diesem Jahrhundert spricht (Vossler, Kultur, S. 266. Vgl. auch ebd. S. 168 für das Mittelfranzösische den „Unterschied zwischen Werden und Sein", den wir soeben belegen konnten). Das 16. Jahrhundert war nicht nur an Neubildungen von VEP interessiert, sondern regelte auch endgültig für „se démener", „s'arroger qch.," „s'exclamer", „s'insurger", „s'empresser" und vielleicht für weitere Verben den Gebrauch mit „se", also für Verben, die bis zu diesem Zeitpunkt VAP oder gar nicht pronominal waren. Vielleicht sollte man von einer „Regel", also einem aktivem und normiertem Einwirken, erst im 17. Jahrhundert sprechen und einfach deskriptiv diesen Gebrauch bei den fünf genannten Verben feststellen.

Das 17. und 18. Jahrhundert haben wir wieder als eine Einheit zusammengefasst. Die Tendenz, bei Neubildungen auch Verben, die nur mit einem sachbezogenen Subjekt gedacht werden können, zu berücksichtigen, ist eindeutig. Bei zwei Verben regelte das 17. Jahrhundert den alleinigen pronominalen Gebrauch.

Das 19. Jahrhundert stellt eine nächste Blüte besonderer Art dar. Viele seiner neuen und belegten VEP kommen aus zwei nicht „gesellschaftsfähigen" (im Sinne des 17. und 18. Jahrhunderts) Bereichen, nämlich aus der Spezialsprache des Volkes (bzw. dem Argot) und aus der Sprache der Naturwissenschaft. Keines von ihnen findet sich in irgendeiner der vier genannten Grammatiken. Wenn wir gar für das 20. Jahrhundert nur ein neues VEP gefunden haben, so muss nicht gleich um die Zukunft dieser Verbgruppe gebangt werden, bilden sie doch nur für den Linguisten, nicht aber für die große Zahl der übrigen Schreibenden und Sprechenden eine Sondergruppe, indem sie von anderen Verben, vor allem von den VAP, getrennt werden. Doch im täglichen Gebrauch werden sie von den übrigen Pronominalverben überhaupt nicht geschieden. Dennoch ist nicht zu übersehen, dass nur das alte Erbe der VEP für den „langage commun" eine Zukunft, die es jahrhundertelang vor sich gehabt hat und die inzwischen Gegenwart und Vergangenheit geworden ist, zu haben scheint (zu ihnen gehören etwa die bei Klein-Strohmeyer genannten).

Betrachtet man die im Anhang aufgeführten VEP nicht dia-, sondern synchronisch, nicht syntaktisch, sondern semantisch, so schälen sich vier Hauptgruppen heraus: 1.) VEP der eigenen und der Ortsbewegung: sie haben selten eine Präposition nach sich. 2.) VEP der Emotion (des Affektes) und der geistigen Tätigkeit. Sie haben häufig die Präposition „de" bei sich, die auf ein Ziel dieses physischen, seelischen oder intellektuellen Prozesses hinweist. Das ist die größte Gruppe. 3.) VEP zum Ausdruck des Interesses für sich und der Abwehr gegen andere(s). Auch sie können ein zielendes bzw. abwehrendes, separativisches „de", aber auch andere Präpositionen nach sich haben. 4.) VEP der Zustandsveränderung bzw. der Medialität. Sie stellen die kleinste Gruppe dar. Die Verben können sich auf ein sachbezogenes Subjekt beziehen und sind (fast) immer einwertig.

Als letzte Frage soll die nach der „Notwendigkeit" der Ausbildung von VEP aufgeworfen werden. Wenn wir sie – syntaktisch – als Erbe der lateinischen Deponentien bezeichnet haben, so scheint diese Folgerichtigkeit kaum zweifelhaft zu sein. Ein VEP wie „se démener", das vom Rolandslied an bis zum 16. Jahrhundert nicht pronominal und vom 13. Jahrhundert an pronominal belegt ist, im 16. Jahrhundert also VEP wurde; ein VEP wie „se pavaner" bzw. ein intransitives Verb wie „paoner" (beide sind semantisch und etymologisch identisch); schließlich ein VEP wie „se suicider" (hier liegt eine nicht mehr nachspürbare Redundanz vor) könnten dagegen sprechen, dass es zum großen Durchbruch dieser Verben im 12. und 16. Jahrhundert kommen musste. Diese Einwände sprechen nicht dagegen, dass wir die verbes essentiellement pronominaux als Erben der lateinischen Deponentien bezeichnen können, was für die VAP nur in bestimmten Fällen zutrifft. Wir begründen dies damit, dass die VEP

- der syntaktischen Funktion,

- der semantischen Zugehörigkeit und

- der morphologischen Erscheinung nach („se" ist Nachfolgemorphem des lateinischen „-or"; Deponens und VEP können nur mit diesem Morphem auftreten; sie haben die „aktiven" Formen „deponiert") drei Wesensmerkmale mit den Deponentien gemeinsam haben.

(IV.) Untersuchungen von Ludwig Schauwecker

a) Ludwig Schauwecker, „sum" und –to-Partizip als Perfekt Passiv, ZFSL 68 (1958), 211 ff.

b) ders., Die Genera Verbi im Französischen und Provenzalischen, ZFSL 70 (1960), 49 ff.

c) ders., Die Aspekte (diachronisch), ZFSL 75 (1965), 1 ff.

Ad b) Nach seiner Definition von Aktiv (Der Verbalinhalt bezieht sich auf die fremde Person), Medium (Der Verbalinhalt bezieht sich auf die eigene Person) und Passiv (Der Verbalinhalt bezieht sich auf die eigene Person von einer fremden des Agens aus) behauptet er, das Latein kenne nur zwei Klassen (Aktiv und Mediopassiv). Im Afrz. haben Reflexivkonstruktion und „être" + PP übereinander gelegen (beide seien medialpassiv gewesen), so dass auch das Afrz.

ein zweigeteiltes System gehabt habe, „in seiner Art nichts anderes als die Fortsetzung der lateinischen Zweiteilung in o- und r-Formen" (S.68). Das Nfrz. kenne dagegen eine Dreiteilung von Aktiv („J'effraie qn."), Medium („Je m'effraie") und Passiv („Je suis effrayé par qn."). Man solle also nicht mehr von Aktiv, Medium und Passiv sprechen, sondern von der „Bezogenheit (Relation) des Geschehens... Es ist gänzlich unrichtig, von einem Zusammenfall von Medium und Passiv im Latein zu sprechen, denn diese beiden hatten sich dort noch gar nicht auseinander entwickelt. Dazu kommt es erst in romanischer Zeit. Erst das Französische, und nicht einmal das Altfranzösische, ... bringt wie das Griechische die formal dreifach geschiedenen Diathesen hervor" (S. 83).

Ad c) Schauwecker identifiziert – nach seiner Lektüre der Arbeit Pollaks „Studien ...", Wien 1960 – Aktionsart und Aspekt. Eine Unterscheidung zwischen beiden sei hinfällig geworden. Die im Lateinischen gegebene Möglichkeit, Imperfekt- und Perfektstamm des Verbums sowohl in aspektuale wie auch in temporale Opposition zu setzen, kehre im Französischen wieder im Gegensatz der sogenannten einfachen und der zusammengesetzten Zeiten. Auch diese lassen sich einander temporal <u>oder</u> aspektual entgegensetzen (S. 15f.). Nur bei Reflexiven lasse sich mit Hilfe des Pronomens eine formale Scheidung in aspektuale Opposition (s'asseoir", „être assis") und temporale Opposition („s'asseoir", „s'être assis") durchführen; ebenso bei bestimmten Intransitiven durch Wechsel von être oder avoir im passé composé. Neu allerdings, so fährt er fort, dürfte nun sein, das composé in seiner Bedeutung der Zustandsgegenwart dem Präsens in seiner Bedeutung der Vorgangsgegenwart entgegenzusetzen und auf diese Opposition den Begriff des Aspektes anzulegen, um gerade hinter dieser Möglichkeit einen wesentlichen Charakterzug des französischen Verbsystems zu erkennen, und zwar sachlich denselben, den die beiden klassischen Sprachen in der Opposition Perfektstamm – Imperfektstamm besaßen (S. 18).

E) Anhang: Verbes essentiellement pronominaux (VEP)

I. Chronologische Anordnung

1) Rolandslied und übrige Literatur des 12. Jahrhunderts

s'adonner à

se récrier

s'écrier (de)   Stro

s'évertuer (Roland 2298)

s'ébattre

se méprendre

se rebeller

se tapir

s'envoler   Stro

s'éprendre de (Roland 3917 noch intrans.)

s'évanouir   Stro   Dub

se mécompter (seit wann pronominal?)

se moquer de (seit wann pronominal?)   Stro

se repentir de   Grev   Lar   Stro   Dub

s'agenouiller

s'en aller   Stro

s'écrouler   Stro

s'effondrer (seit wann pronom.?);auch transitiv   Stro

s'efforcer (Alexiuslied)   Stro

s'abstenir de (Alexiuslied)   Grev   Lar

s'enfuir   Stro

se parjurer

s'accouder (seit wann pronominal?)

s'enquérir de qch. (seit wann pronominal?)

2) 13. – 15. Jahrhundert

13 se gaudir

15 se goberger

14/15 s'ingénier

14 s'absenter

13 s'obstiner

13 s'ensuivre de

13 s'accroupir

14/15 s'avachir

        démener (Rold. bis 16. Jhdt.), se démener (seit 13. Jdht.)

14/15 s'ébrouer (seit wann pronominal?)

15 s'estomaquer (auch aktiv?) (seit wann pronominal?)

14 s'évader (seit wann pronominal?)   Stro

13 se grumeler (seit wann pronominal?)

14 s'ingérer (seit 19. Jhdt. auch transitiv)

14 se ramifier (seit wann pronominal?)

14 se recroqueviller (seit wann pronominal?)

15 se réfugier   Stro

13 se soucier de (seit wann pronominal?) (auch aktiv)   Stro

14 se désister de   Lar

14 se souvenir de (seit 12. Jhdt. auch unpersönl.)   Grev   Stro

3) Ende 15. bis Anfang 17. Jahrhundert

16 s'emparer de   Stro

16 s'arroger qch. (14. Jdht.: arroger)   Grev

16 s'acoquiner à

16 s'encasteler

16 se bauger

16 se blotter

16 s'évaltonner

16 s'enfiltrer dans

16 se formaliser de

16 se gausser de (heute auch aktiv?)

16 se gendarmer

E 15 se rengorger

E 15 s'immiscer dans

16 s'opinâtrer à

16 paoner (intrans.) bzw. se pavaner

16 se prélasser

16 se targuer de

A 17 se vermouler

16 s'exclamer (14. Jhdt.: exclamer)

E 15 s'invétérer (seit wann pronominal?)

E 15 se méfier de (seit wann pronominal?)   Stro

16 se piffrer (seit wann pronominal?)

A 17 se pommeler

16 se raccoutumer à (seit wann proniminal?)

16 s'insurger (erstes Auftauchen Ende 15.Jdht.: insurger)

16 s'empresser de / à (erstes Auftauchen 12.Jdht.: empresser)   Stro

4) 17. und 18. Jahrhundert

17 s'égosiller

18 se carnifier

17 s'ennouer

17 se dépatouiller

18 se suicider

18 se concréter (seit wann pronominal?)

17 s'extravaser

17 se lignifier

17 se rebiffer (seit 12.Jdht. belegt: rebiffer)

17 se fier à (seit 12.Jdht. belegt: fier)   Stro

5) 19. und 20. Jahrhundert

19 s'amuir

19 s'insurrectionner (Goncourt 1871)

19 se contorsionner (Baudelaire 1845)

19 se pocharder

19 se pieuter

20 se bagarrer (Montherlant)

19 se biler

19 se décanailler

19 se carapater

19 se décarcasser

19 s'ébaubir

19 se pagnoter

19 se scléroser

19 se toquer de

19 s'anastomoser (seit spätem 18. Jhdt.: anastomoser)

19 se concrétionner

II. Zusammenstellung der 24 gebräuchlichen reziproken VEP:

s'entre-déchirer, s'entrebaiser, s'entrebattre, s'entrechoquer, s'entre-détruire, s'entre-dévorer, s'entre-donner, s'entre-frapper, s'entregreffer, s'entre-haïr, s'entre-louer, s'entre-manger, s'entremettre, s'entremordre, s'entre-nuir, s'entre-quereller, s'entre-regarder, s'entre-secourir, s'entre-tuer, s'entrobliger, s'entraccorder, s'entraccuser, s'entraider, s'entr'aimer.

III. Anmerkungen zur Tabelle des Anhangs

Die Zahlen vor der VEP geben das entsprechende Jahrhundert an.

E 15 und A 17 bedeuten: Ende des 15. bzw. Anfang des 17. Jahrhunderts.

Stro: Grammatik von Klein-Strohmeyer

Grev: Grevisse, Le bon usage

Lar: Grammaire Larousse

Dub: Dubois, Grammaire structurale

Aus dem Littré in der TB-Ausgabe bei 10/18 sind noch folgende heute zumeist weniger gebräuchliche VEP zu ergänzen: se harpiller, s'épouffer, se raviser, se rebotter, s'accointer avec, s'aheurter, se cataracter, se débrailler, se défâcher, s'emberlucoquer, s'envoiler. Ihr erster Beleg könnte nur an umfangreicheren etymologischen Wörterbüchern gezeigt werden. - Im Littré 10/18 haben wir etwa 20 VEP gefunden, die heute VAP sind. Etwa zehn weitere VEP haben wir nicht aufgenommen, die heute nicht mehr gebräuchlich und veraltet sind. – Außer „s'en aller" wurden in der obigen Tabelle keine Verben aufgenommen, die unter „s'en + Verb" erscheinen, wie z.B. „s'en retourner" (abgesehen davon, dass „s'en retourner" VAP ist). Es wurden aber alle in den genannten Wörterbüchern gefundene VEP von der Form „s'enfuir" aufgeführt.

F) Literaturverzeichnis

Asbeck, Karl Wilhelm, Das unpersönliche Medium im Französischen. Berliner Beiträge zur Romanischen Philologie V,2 Jena und Leipzig 1935

Babin, Gerhard, Das Medium im Altfranzösischen. Diss. Berlin 1937

Bambeck, Manfred, Lateinisch-Romanische Wortstudien, Wiesbaden 1959

Beckmann, Gustav Adolf, Die Nachfolgekonstruktionen des instrumentalen Ablativs im Spätlatein und im Französischen, ZRPh Beiheft 106, Tübingen 1963

Berger, Alice, Der Ausdruck der passivischen Idee im Altfranzösischen. Berliner Beiträge zur Romanischen Philologie IV,1 Jena und Leipzig 1934

Brunot, Ferdinand, Histoire de la Lange Francaise des Origines à 1900, 1. Bd.: De l'Epoque Latine à la Renaissance, Paris 1905

Contreras, Lidia, Significados y funciones del „se", ZRPh 82 (1966), 298 ff.

Diez, Friedrich, Grammatik der romanischen Sprachen, 3. Teil, 5. Aufl. Bonn 1882

Engwer, Theodor, Vom Passiv und seinem Gebrauch im heutigen Französisch. Berliner Beiträge zur Romanischen Philologie II,1 Jena und Leipzig 1931

ders., „avoir" und „être" als Hilfsverben bei Intransitiven, RF 63 (1951), 79 ff.

Gamillscheg, Ernst, Historische französische Syntax, Tübingen 1957

ders., Grundzüge der galloromanischen Wortbildung, in: Ernst Gamillscheg und Leo Spitzer, Beiträge zur romanischen Wortbildungslehre. Meyer-Lübke zum 60. Geburtstag, Genf 1921

ders., (Rez.), Anna Granville Hatcher, Reflexive Verbs. Latin, Old French, Modern French, Baltimore 1942, RF 60 (1947), 806 ff.

ders., Nachwort, RF 61 (1948), 501 ff.

Glässer, Edgar, Die sprachliche Darstellung eines Geschehens von selbst, in: Festschrift für Ernst Gamillscheg zum 70. Geburtstag, Tübingen 1957

ders., „Innere Form" und „Bedeutung" in der Darstellung der verbalen Diathesis, ZFSL 58 (1934), 1 ff.

Grammaire Larousse du Français Contemporain, hrsg. v. Claude Chevalier u.a., Paris 1964

Grevisse, Maurice, Le Bon Usage, Grammaire Française, 8. Auflage Gembloux 1964

Guillaume, G., Existe-t-il un déponent en français? Le Français Moderne 11 (1943), 9 ff.

Haas, Joachim u. Danielle Tanc, Französische Grammatik, 1. Aufl. Frankfurt 1979, §§ 497-507

Hatcher, Anna Granville, Reflexive Verbs. Latin, Old French, Modern French, Baltimore 1942

dies., Entgegnung, RF 61 (1948), 492 ff.

Herman, Joseph, Le Latin Vulgaire, Paris 1967

Jensen, Jörg Schmitt, "Vorgang" und "Zustand" des formes passives et leurs rapports avec l'aspect du verbe en français moderne, in: Etudes Romanes dédiées à Andreas Blinkenberg, Kopenhagen 1963

Klein, Hans-Wilhelm und Hartmut Kleineidam, Grammatik des heutigen Französisch, 1. Aufl. Stuttgart 1984, §§ 169-187

Kontzi, Reinhold, Die italienische Reflexivkonstruktion als Ausdruck für das Passiv und für „man", in: Festschrift für Ernst Gamillscheg zum 70. Geburtstag, Tübingen 1957, 277 ff.

Kühner, Raphael und Stegmann, Carl, Ausführliche Grammatik der lateinischen Sprache, Satzlehre, 1.Teil, 4. Aufl. München 1962

Langosch, Karl, Lateinisches Mittelalter. Einleitung in Sprache und Literatur, Darmstadt 1963

Lerch, Eugen (Rez.), Gerhard Babin. Das Medium im Altfranzösischen, Berliner Beiträge zur Romanischen Philologie VII,3 , ZRPh 59 (1939), 341 ff.

Maillard, Janine, Verbes et Auxiliaires dans la Langue Française Actuelle, Le Français Moderne 27 (1959), 252 ff.

Meyer Lübke, Wilhelm, Historische Grammatik der französischen Sprache, 2. Teil: Wortbildungslehre, Heidelberg 1921

ders., Vom Passivum, in: Neusprachliche Studien. Festgabe Karl Luick zu seinem 60. Geburtstag, DNSp, 6. Beiheft, Marburg 1925

ders., Romanische Syntax, 3. Bd.: Syntax, Leipzig 1899

Mitterand, Henri, Les Mots Français, 2. Aufl. Paris 1965

Muller, Henri François, When did Latin cease to be a spoken Language in France? Romanic Review 12 (1921), 318 ff.

ders., The Passive Voice in Vulgar Latin, Romanic Review 15 (1924), 68 ff.

ders., A Chronology of Vulgar Latin, ZRPh, Beiheft 78, Tübingen 1928

Niederstenbruch, Alex, Das Verhältnis von Passiv, "on" und passivisch gebrauchtem Reflexiv im Französischen, Diss. Bonn 1927

Norberg, Dag, Syntaktische Forschungen auf dem Gebiete des Spätlateins und des frühen Mittellateins, Uppsala 1943

Nyrop, Kr., Grammaire historique de la langue française, 3. Bd., 4. teil: Formation des mots, 2. Aufl. Kopenhagen 1936; 6. Bd. Kopenhagen 1930

Reichenkron, Günter, Passivum, Medium und Reflexivum in den romanischen Sprachen, Berliner Beiträge zur Romanischen Philologie III,1 Jena und Leipzig 1933

ders., Die Umschreibung mit „occipere", „incipere" und „coepisse" als analytische Ausdrucksweise eines ingressiven Aorists, in: Festschrift für Ernst Gamillscheg zum 70. Geburtstag, Tübingen 1957, 451 ff.

ders., Historische lateinisch-altromanische Grammatik, 1. Teil, Wiesbaden 1965

Richter, Elise, Zur Entwicklung des reflexiven Ausdrucks im Romanischen, ZRPh 33 (1909), 135 ff.

Risop, Alfred, Zur Syntax des Reflexivpronomens; faire taire – faire se taire, ZRPh 47 (1927), 372 ff.

Rönsch, Hermann, Itala und Vulgata, Neudruck der 2. Aufl. 1874, München 1965

ders., Semasiologische Beiträge zum lateinischen Wörterbuch, III. Heft: Verba, Leipzig 1889

Spitzer, Leo, Französisch „SOLEIL", in: Studia Romanica. Gedenkschrift für Eugen Lerch, Stuttgart 1955, 400 ff.

Stéfanini, Jean, La Voix Pronominale en Ancien et Moyen Français, Aix-en-Provence 1962

Stimm, Helmut, Eine Ausdrucksform passivischer Idee im Neufranzösischen, in: Festschrift für Ernst Gamillscheg zum 70. Geburtstag, Tübingen 1957, 581 ff.

Stolz-Schmalz, Lateinische Grammatik, 5. Aufl. München 1928

Tobler, Alfred, Vermischte Beiträge, 2. Reihe, 2. Aufl. Leipzig 1906; 3. bis 5. Reihe, 1. Aufl. Leipzig 1899 ff.

Väänänen, Veikko, Introduction au Latin Vulgaire, Paris 1963

Vossler, Karl, Frankreichs Kultur und Sprache, 2. Aufl. Heidelberg 1929

ders., Einführung ins Vulgärlatein, München 1954

Wartburg, Walther von und Zumthor, Paul, Précis de syntaxe du français contemporain, Bern 1947

Weerenbeck, B.H.J., Le pronom „on" en français et en provençal, Amsterdam 1943

Weinrich, Harald, Tempus. Besprochene und erzählte Welt, Stuttgart 1964

ders., Textgrammatik der französischen Sprache, 1.Aufl. Stuttgart 1982, Kap. 3.4.7

Wistrand, Erik, Über das Passivum, Göteborg 1941

Zemb, Jean M., Vergleichende Grammatik Französisch-Deutsch, Teil I, Mannheim / Wien / Zürich 1978